Daniel Meurois

Mysterium Gott

Daniel Meurois

MYSTERIUM GOTT

Eine kollektive Biografie

Aus dem Französischen von Anja Schmidtke

SILBERSCHNUR VERLAG

Veröffentlicht in Partnerschaft mit Maurice Baldensperger und Francis Hoffmann GbR »Publish Vision«; info@publishvision.de, www.publishvision.de

ISBN: 978-3-96933-014-2

1. Auflage 2021

Übersetzung: Anja Schmidtke
Umschlaggestaltung & Satz: XPresentation, Güllesheim; unter Verwendung verschiedener Motive von © nednapa; www.shutterstock.com; Coverfoto: Spiralgalaxie Messier 101. Zusammenstellung erstellt von den Weltraumteleskopen Spitzer und Hubble sowie dem Röntgenobservatorium Chandra. Röntgen-Observatorium. Credits: NASA, ESA, CXC, SSC und STScI.
Druck: Finidr, s.r.o. Cesky Tesin

Verlag »Die Silberschnur« GmbH · Steinstraße 1 · D-56593 Güllesheim
www.silberschnur.de · E-Mail: info@silberschnur.de

Inhaltsverzeichnis

An die Erforscher und Entdecker des Unendlichen ...
An alle, die keine Angst vor dem Sprung
ins Ungewisse haben.

Begegnung mit einem Brausen

Mysterium Gott ... Nachdem ich diesen Titel spontan auf mein Manuskript geschrieben hatte, fragte ich mich lange, was mich eigentlich dazu gebracht hatte, so unverfroren, ja anmaßend zu sein.

Kann es eine rätselhaftere Frage geben als die nach der Identität Gottes?

Wer sich eine einfache Antwort am Ende dieser Seiten erhofft, wird nach der Lektüre sicher enttäuscht sein.

Vor allen Dingen möchte dieses Buch mit vorgefertigten Meinungen brechen, Türen aufstoßen und den Horizont erweitern. Es hat keinesfalls den Anspruch, das Unfassbare zu erfassen; es entstand nur aus dem hoffnungsvollen Wunsch zur Weiterentwicklung, um die Unendlichkeit Dessen, das in uns wohnt, noch besser innerlich wahrzunehmen.

In diesem Sinne handelt es sich nicht um ein Unterhaltungsbuch. Es ist für alle, die in sich selbst weitergehen möchten. Ich würde es auch als Buch für "aktives Mitdenken" bezeichnen, entgegen dem Trend, alles zu vereinfachen, "vorzukauen" und der Verantwortung zu entheben.

Muss ich da noch darauf hinweisen, dass dies ein Arbeitsbuch ist? Ehrlicherweise möchte ich gar nicht, dass es so aufgefasst wird, denn Arbeit wird ja generell nicht gerade mit Freude, sondern allzu oft mit einer Last assoziiert.

Nach mehr als einem Vierteljahrhundert, in dem ich nun schon über die Wege des Bewusstseins schreibe, ist mir heute klarer denn je, dass alle Pfade zum Göttlichen mit begeistertem Herzen bereist werden sollten.

Denn was gibt es Inspirierenderes für einen Menschen als zu versuchen zu verstehen, wer er ist und wohin er geht? Kann man so etwas überhaupt langweilig finden?

In diesem Buch, das ich gewagt habe "kollektive Biografie" zu nennen, geht es auf der Suche nach der Identität Gottes ganz klar um uns selbst.

Wie Sie sehen werden, kann man nicht in diese Richtung gehen, ohne dass einem schwindelig wird. Als würde man versuchen, auf den Sternen im Kosmos herumzuhüpfen.

Vielleicht ist ein gewisses Schwindelgefühl ja sogar die wahre Absicht hinter diesen Seiten ... verhilft es doch zum meisterlichen Umgang mit dem Unendlichen.

Die Lektion im Denken, die dieser Schwindel erteilt, folgt bewusst keinem strikten, festgelegten Plan, sondern verläuft in einer Art Schleife, die sich wie eine Spirale durch das Bewusstsein windet.

Eines sollten Sie wissen (und beim Lesen nie vergessen): Dass diese Unterweisung offensichtlich komplex ist, bedeutet nicht, dass sie eine Gedächtnisübung im eigentlichen Sinne des Wortes ist. In erster Linie spricht sie unsere seit Urzeiten unterdrückten Erinnerungen an und verlangt von uns, im klassischen Verstand loszulassen.

Deshalb wünsche ich mir, dass "Mysterium Gott" als Ganzes verstanden wird, wie der Startschuss oder Auftakt eines neuen Denkens, das man mit nichts vergleichen, sondern einfach friedlich in sich aufnehmen sollte.

Vor allem sollte man kein philosophisches Denksystem daraus machen, in dem der Intellekt König ist. Das wäre völlig nutzlos.

Die Herausforderung ist es vielmehr, den Zauber erkennen zu lernen und ihn sein Werk der Verwandlung tun zu lassen.

Ich weiß, dass manche Informationen oder Offenbarungen in diesem Buch für den ein oder anderen, der es rein analytisch angehen möchte, unvernünftig, unvollständig oder unzulänglich sein könnten …

Ihnen sei gesagt, dass ich vor allem versucht habe zu übermitteln, was ich das "zerebral nur durch Erleben Kommunizierbare" nenne. Ich bin es als Skizzierung einer Realität und einer Sammlung von Wahrheiten angegangen, die kein menschliches Konzept (und daher kein Wort) genau abbilden kann.

Ähnlich wie die Präsenz, als deren Übersetzer und Sprecher ich gedient habe, habe ich akzeptiert, Wege nur vorschlagen oder aufzeigen zu können, um mithilfe des Gesetzes der Analogie das Universum des Unendlichen besser zu verstehen.

So ist es Sache jedes Einzelnen, selbst den Sprung zu wagen, um zu einem völlig anderen Verständnis des Göttlichen zu gelangen … weit über den üblichen Bezugsrahmen hinaus.

Eines aber scheint mir sicher, das zur größten Eröffnung überhaupt hinführt: Es gibt immer so viele Erkenntnisse, Initiationen und Momente des Erwachens, wie es Wesen gibt …

Deshalb glaube ich, dass es genauso viele Ebenen dieses Buches gibt, wie es Leser gibt. Entsprechend kann es sein, dass diese Seiten nur ein Alphabet des Verstehens von "etwas anderem" sind, das uns begegnet und von dem wir nicht mehr als eine vage Ahnung haben.

Zu wünschen bleibt nur noch, dass jeder auf dieser Reise ins Unendliche das gewaltige, wunderbare Brausen dieses "anderen" wahrnehmen möge ...

Der Schauplatz

Es ist der 30. Januar. Der Himmel ist wechselhaft, vom Südpazifik rollen perlmuttfarbene Wellen auf einen einsamen Strand. Wir befinden uns auf der kleinen Insel Chiloé, nicht weit von der Küste des chilenischen Teils Patagoniens entfernt. Angestrengt versuchen meine Augen, den Küstennebel zu durchdringen, suchen in der Ferne, wo schon allein die Namen der Südgebiete einen mythischen Klang haben. Terre de Feu, Détroit de Magellan, Ushuaia ...

Aber auch Chiloé ist mythisch. In Santiago verführt es mit seinen Wäldern und offenen Weiten zum Träumen. Vor etwas weniger als 24 Stunden hat uns eine Fähre hier abgesetzt, und schon jetzt dringen die alten Geschichten an unser Ohr. Feen, Naturgeister, Wesen der himmlischen und unterirdischen Welten begegnen sich hier ganz selbstverständlich. Wenn nicht die Dörfchen und Ortschaften mit den bunten Namen wären, Castro, Cucao, könnte man fast meinen, in der Bretagne zu sein.

Und dann, ab und an inmitten der Pflanzenfülle, das flammende Rot der Chilenischen Wachsglocke, die uns auf ihre Weise immer wieder daran erinnert, dass wir uns am andere Ende der Welt befinden ...

Langsam hat sich der Himmel verdunkelt. Um der Meeresgischt auszuweichen, machen wir kehrt und schlagen uns in eine Art sandiges Unterholz. Wir schweigen still; alles drängt uns dazu, wie aus Ehrfurcht vor einer gewaltigen Macht, die seit ewigen Zeiten hier wohnt.

Ja, die Erde und das Meer von Chiloé haben ihre Geheimnisse ... Legenden entspringen nicht nur der lebhaften Vorstellungskraft der Dichter und Geschichtenerzähler. Oft vergisst man, dass sie zuallererst aus den Mysterien einer Welt hervorgehen, die sich unserem Verständnis entzieht: der Welt des essentiell Heiligen.

Mein Geist heute ist leer, mehr noch als sonst. Das bewirkt in mir eine Art unteilbare Entrücktheit, vollkommenen Frieden. Vielleicht ist es diese Entrücktheit, die mich die anderen bitten lässt, mich ein wenig allein zu lassen.

Und sei es nur für kurze Zeit, dort drüben, hinter dem dornigen Dickicht ... Es muss unbedingt sein, aber ich weiß nicht, ob ich es selbst verlange oder "etwas anderes", das in meinem Kopf wohnt und mir fremd ist.

Die anderen lassen mich also in Ruhe, und allein bahne ich mir mühsam einen Weg durch die Sträucher, die mir das Gesicht zerkratzen.

Ich kann noch nicht einmal sagen, was genau ich eigentlich suche ... Vielleicht ist es ja auch einfach nur das Bedürfnis, allein zu sein, wo die Erde vielleicht mehr zu mir spricht als anderswo? Also gehe ich weiter, ohne eine andere Wahl als die Stille zu erfahren, die mit jedem Schritt größer wird.

Unvermittelt versinke ich bis zu den Waden im Sand. Ich stolpere ... und muss anhalten. Ich stehe in einer Senke, stoße mit der Nase fast an einen Felsbrocken und ein paar Pflanzen, die daran herabhängen. Um mich herum herrscht absolute Stille ... es sei denn, ich habe mich in meinen inneren Tempel geflüchtet wie in eine Blase außerhalb der Zeit.

Nun verstehe ich, *weiß* ich, dass alles passieren kann und ich hoffen kann, wenn auch nur für den Bruchteil einer Sekunde eine Perle zu erhaschen, die dem Unbegreiflichen entwichen ist.

Wie soll ich das nun Folgende schildern? Wie die Gegebenheiten beschreiben und die Gestalt der Präsenz, die mich an diesem entlegenen Ort der Welt mir selbst entrissen hat? Wie Worte und Sätze niederschreiben, die kein Verstand, keine logische Vernunft schmälern, trüben oder beschmutzen kann?

Den genauen Weg, den meine Seele und mein Körper gehen, um das Folgende wahrheitsgemäß niederzuschreiben, möchte ich nicht preisgeben. Denn was ist von einem Geschenk zu halten, wenn man durch eine sonderbare Verpackung von seiner Schönheit abgelenkt wird?

Die Senke verschwindet in einem kühlen, milchigen Lichtregen, dann schwebe ich empor und immer weiter empor ... und sinke fast sofort unweit entfernt wieder hinab, ins Wasser ...

Vor mir stehen drei menschliche Präsenzen; zugleich scheinen sie nur eine zu sein, ohne dass mich das irgendwie erstaunt. Alles ist ganz "normal", offensichtlich und einfach vollkommen!

Die erste Präsenz ist männlich, die beiden anderen sind weiblich. Sie strahlen unsagbaren inneren Frieden aus, der jede irdische Frage verstummen lässt. Ich fühle, dass ich lächle, und eine Hand, dann ein Finger, weist auf eine nebelverhangene Leinwand. Ich gehe darauf zu, und die Hand berührt die Leinwand wie einen beschlagenen Spiegel, den sie trockenwischen möchte.

Sofort zeigen sich archetypisch anmutende Linien und Zeichen darauf, getaucht in ein irisierendes, grünes Licht, das mich vollkommen einhüllt und mit Freude erfüllt.

In diesem Augenblick dringt eine liebevolle, mächtige Stimme zu mir: "Hier ... ergreife fest die Feder deines Herzens, merke dir und schreibe ..."

Die Unterweisung

"Schreibe ... *Von der Zelle über den Körper und bis in den vom Körperbewusstsein projizierten Raum erfindet sich das Göttliche, entdeckt sich und expandiert. So IST es.*

Vom Planeten über die Sonne bis hin zur Galaxie und zum Kosmos heißt es, dass Es sich selbst aussät im Rhythmus, in dem das Herz schlägt, die Seele ihren Horizont erweitert und der Geist seine eigene Herrlichkeit betrachtet.

Von der Zelle über den Körper bis in den vom Körperbewusstsein projizierten Raum überwindet das Heilige die Illusion der Zeit. So LIEBT es.

Das Eine ist vielfach in seiner Expansion, aber das Vielfache rezitiert nur das Eine. Es atmet ein, was Ihm ausgeatmet wird, und atmet aus, was Ihm eingeatmet wird. Es ist Atmung. Es ist der Akt des Liebens.

Die heilige Vervielfachung spricht nur vom Gesetz des Einen. Sie bündelt es und verwirklicht sich auf diese Weise.

Unzählig sind die Projekte des Göttlichen, aber einmalig ist ihr Ziel im Selbst."

Die Diener der Engel des Herrn

Dies, mein Freund, ist das leise, verborgene, wahrhaftige Lied, das die Schöpfung in den Welten singt. Es ist unsere Nahrung und Lebenskraft, für uns, die wir einfach nur sind ... und euch die Hand halten wie ältere Brüder.

Wer sind wir, die in dieser Weise Besitz von dir ergreifen und zu dir sprechen? Einige nennen uns die *Diener der Engel des Herrn* ... Jenseits der Grenzen der menschlichen Sprache akzeptieren wir diesen Namen, denn jeder Dienst adelt; jeder Engel ist selbst Diener, und jeder Herr verehrt einen anderen Engel, der ihn führt.

Betrachte dies als einfache Einführung in das, was wir in deinem Gedächtnis zu hinterlegen haben. Diese Worte sind nur ein zarter Hauch, denn du kannst dir sicher sein, dass wir uns in dieser Unterweisung nicht unverständlich ausdrücken werden.

Diese Zeit der Erde ist eine Zeit der Offenbarung. Deshalb werden wir mit dir die Schleier über den Welten lüften und die Grenzen niederreißen, die diese Welten erzeugen.

Um es direkt zu sagen: Was wir dir anzuvertrauen haben, ist für jene, die sich nicht vor Explosionen fürchten, vor der Sprengung intimster Strukturen ihres Fleisches und seelischer Trugbilder. Ja, wir sprengen Grenzen, denn Engelsflügel sind von Natur aus voller Sprengkraft ...

Deshalb wird uns nur verstehen, wer keine Angst hat, noch nicht einmal Angst vor der Angst. Aber nur sehr wenige fürchten sich nicht vor der Sprengung der Grenzmauern, die das Sein errichtet hat. Nur sehr wenige wollen wirklich wagen, fliegen, verstehen, lieben, manchmal weinen, sich weiter entfalten, um alles zu umarmen und zu Sein.

Verstehst du, wohin wir dich führen wollen? In Wirklichkeit haben wir keine andere Wahl als diese Einladung und ihr keine andere als Wagemut. Für einen Vogel ergeben weder die Umrisse eines Käfigs noch die Tiefen eines Abgrunds Sinn. *Deshalb wenden wir uns hier an den Vogel in jeder eurer Zellen, der sich selbst nicht erkennt.*

Höre zu und merke dir ...

Seit Abermillionen von Jahren eurer Zeit beobachten wir deinen Planeten und kümmern uns um ihn.

Unzählige Male haben wir ihn Haut und Kleidung wechseln sehen. Alle Jahreszeiten seiner Seele und seines Körpers haben wir gesehen und beschützt, wie es uns möglich war. Unermüdlich haben wir uns auch eure Lebensentwürfe angesehen und versucht, zwischen den Zeilen einzugreifen.

Es ist eine unendliche Geschichte aus Bleistiftlinien, Radiergummispuren, Tintenflecken, zerknitterten, herausgerissenen und neu geschriebenen Seiten im Buch der Seele. Man verliert sich in den Kapiteln, Absätzen und Fußnoten. Weiter dort zu verweilen hieße, sich nur noch weiter im Labyrinth der Vorwände zu verzetteln und das Virus der Austrocknung in den alten Grenzen fortbestehen zu lassen.

Deshalb nein ... Reißen wir all das ein, ohne einen Blick zurückzuwerfen, es sei denn voller Mitgefühl. Streben wir nach Einfachheit und nach *dem* Herzen des Ziels, bis wir selbst das Herz dieses Ziels sind.

Die Frage lautet also ganz direkt:

Was macht euch, irdische Freunde, zu so einem Ausbund an Leid auf eurer mühseligen Irrfahrt durch die Zeitalter?

Verlorene Göttlichkeit

Glaube nicht, dass irgendein Rätsel hinter dieser Frage steckt. In Wahrheit ist die Antwort denkbar einfach, auch wenn im Verstand Tausende Verästelungen wuchern ... *Ihr habt euch dem Zustand der Göttlichkeit entfremdet.* Ihr habt euch von euch selbst abgetrennt, indem ihr die Illusion erfunden habt, nicht Alles zu sein! Trunken von dieser Trennung und daher vom Freiheitsgefühl seid ihr vom Weg abgekommen. Ihr seid zugleich eure eigenen Waisen und Witwer!

Aber sieh, darin liegt kein Vorwurf, keine Verurteilung. Es ist nur eine Feststellung oder besser die liebevolle Diagnose derer, die gelobt haben, eure inneren Barrikaden, Barrieren und Bollwerke fortzuräumen.

So sind wir heute wieder hier, um euch daran zu erinnern, dass Leid weder Notwendigkeit noch Schicksal ist, sondern eine Option, die ihr gewählt habt.

Eine Option, die nur ihr wieder aus eurem Fahrplan streichen könnt. Eine Option, zu deren Wahl euch niemand anderes als ihr selbst im Spiel der Komplexität gezwungen hat. Der Zugang zum Glück und zur Gestaltung der Lebensfreuden war schon immer einfach.

Die Entdeckung des Einfachen ist kompliziert, sagt ihr? Da irrt ihr euch! Unter dem Vorwand der Verteidigung die Faust zu ballen, um zuzuschlagen, ist viel schwieriger, als sie einfach zu öffnen, um willkommen zu heißen.

Was riskiert man dabei zu verlieren? Nichts, es sei denn den Verkrampfungsschmerz. Riskiert man, nicht alles zu beherrschen? Aber was bedeutet beherrschen, wenn man nicht Herr seiner selbst ist, sich also nicht selbst erkannt hat?

Versuchen wir etwa, euch irgendein Glaubensbekenntnis einzuimpfen, an das ihr euch klammern sollt? Ganz sicher nicht ... Eure Glaubenssätze haben sich schon zur Genüge in euch eingenistet, so wie ihr euch auch in ihnen eingenistet habt!

Den Unterschied forträumen

Wir sind nur zurück, damit ihr lernt zu verlernen.

Zu verlernen bedeutet, nicht mehr anders zu sein als der Fels, den wir anfassen, der Baumstamm, an den wir uns lehnen, das Tier, das wir glauben zu beherrschen, der andere, den wir nicht umhin können zu beurteilen, die Erde, auf der wir wandeln, das Wasser, das uns wäscht, das Feuer, die

Luft, der Himmel, in den wir atmen, ja sogar die Sonne, die uns blendet.

Ich sagte: "nicht mehr anders zu *sein*", mein Freund, und nicht: "sich nicht mehr anders zu *fühlen*" ... denn in der Vereinigung und Verschmelzung löst sich alles auf.

Dort wohnt das Herz dessen, was ich dir anzuvertrauen habe, damit du es wiederum anderen anvertraust, die es wieder anderen anvertrauen ... Mir liegt nur an der liebevollen Weitergabe des Einfachen, nichts weiter.

Im Namen der Diener der Engel des Herrn werde ich zu dir nur darüber sprechen, was ich durch eigenes Erleben weiß. Nur Durchlebtes hat den Wert einer Unterweisung ... der Rest ist nur Unterrichtung.

Wisse auch, dass durch meine Stimme das Du und das Ihr sowie das Ich und das Wir vermischt werden, denn in Wahrheit sind wir nur Eins ...

Der Gott des Planeten

Wer ist der Herr? Darauf könnte ich ganz einfach antworten: "Der Herr? ... Aber das seid doch ihr!" Doch sei dir, seid euch gewiss: Ich werde mich nur schrittweise auf eine so große Vereinfachung einlassen. Ein Knäuel lässt sich nur Stück für Stück entwirren; ansonsten entsteht daraus ein Bündel aus Knoten.

Der Herr, sagte ich? Ist das nicht zuallererst einmal natürlicherweise die Gesamtheit der Manifestationen des Lebens dieses Planeten, der euch trägt, und des globalen Bewusstseins, das sie vereint?

Hör mir zu ... In deinem Jahrhundert amüsiert man sich über sogenannte primitive Völker, die die irdischen Kräfte als Götter und Göttinnen verehren. Seit Anbeginn der Zeit gibt es Menschen, die den heiligen Brauch pflegen, mit Bäumen zu sprechen und ihnen Botschaften anzuvertrauen, die der tiefen Stimme eines Bergkristalls lauschen, in ihren Händen Feuer machen oder einen Fluss ersuchen, seinen Verlauf zu ändern. Es gibt auch solche, die die Familie der Wolken kennen und um die Töne wissen, durch die sie sich auflösen, Regen entladen oder sich mit dem Wind vermischen. Ist es Aberglaube und Illusion? Es ist nur die Kenntnis einer Sprache, ihrer Wörter und ihrer verborgenen, intimen Grammatik.

Diesen Menschen manifestiert sich der Herr in vielerlei Gestalt, jede eine göttliche Präsenz mit einem Namen und einer Funktion. Sie sehen richtig ... Ihre Augen sind wie Prismen, die das Licht zerlegen. Im Herzen des reinen Weiß fühlen, lieben und ehren sie das ganze Farbspektrum des Lebendigen. Sie nehmen sogar Nuancen wahr, die anderen Menschen fremd sind. Nuancen, die ihre eigene Intelligenz haben, ihr eigenes Leben ... denn alles, was ist, IST.

Der Blick des Animisten

Ihr nennt sie *Animisten* und seht nur allzu oft von oben auf sie herab. Welcher vernünftige Mensch, sagt ihr, spricht denn Tieren, Phänomenen und bestimmten Schöpfungen der Natur eine Seele zu? Und dennoch! *Euer Unglück, ihr Männer und Frauen des Endes einer Zeit, ist es, dass ihr auf geschickte Art und Weise alles entweiht habt.* Ist es die Angst vor der wahren Bedeutung des Lebens, die euch das gebietet?

Es liegt auf der Hand ... denn der Blick, mit dem der Animist die Welt sieht, gebietet Achtung. Was kann man zugleich ausbeuten und achten? Nichts!

Nichts, dem man Leben zuspricht, das diesen Namen verdient, also ein Bewusstsein, lässt man einfach ausbluten, auch wenn es sich erst im Knospenstadium befindet. Man tut das einfach nicht ... es sei denn, man hat sich seiner eigenen Seele beraubt. Aber mit vielen von euch ist genau das geschehen! Wie kann man noch tiefer fallen als dadurch, dass man der Welt, ja sogar dem Universum, DAS fortnimmt, was seine Essenz ausmacht?

Wie du sehr wohl weißt, gäbe es nicht die geringste Manifestation des Lebens, wenn keine Seele darin wohnen würde. Ich sagte nicht: "menschliche Seele", sondern einfach: "Seele". Das Prinzip dieser Dimension ist nicht euer exklusives Privileg, bei Weitem nicht!

Ihr habt eine Form von Intelligenz entwickelt ... aber gewiss nicht Die Intelligenz. Dasselbe gilt für die Seele. Ihr bringt nur eine der Facetten des absoluten Prinzips der Seele zum Ausdruck. Einen ihrer Aspekte, der in Wahrheit noch in seinen Anfängen ist. Ach, das Privileg der Exklusivität! Lernt, dass es, statt zu bereichern, immer nur den Weg in die Armut weist.

Ja, die Göttlichkeit macht euch Angst, weil Sie in jeder Sekunde zu euch spricht, ohne dass ihr euch bemüßigt fühlt, Ihr zuzuhören. Unaufhörlich flüstert Sie euch Ihre Präsenz zu, durch vielzählige Gottheiten, derer sie sich bedient, um das Leben zu gestalten.

Was würdet ihr von einem Maler halten, der seine Palette auf eine einzige Farbe beschränkt? Weißt du, die Dimension der Symphonie ist die Dimension des Universums. Zwar ist der Komponist alleiniger Schöpfer seines Werks, aber er braucht zahlreiche Instrumente und Interpreten, um ihm Leben und Sinn zu verleihen. Vielleicht wird er das Talent des ersten Geigers in Anspruch nehmen, aber ihre ganze Fülle entfaltet die Symphonie erst durch das Zusammenspiel der Musiker ...

Das Gesetz der Analogie ist das Gesetz des Kosmos. Wenn man diese Wahrheit und ihre Bedeutung verstanden hat, dann ist man bereit, einen großen Schritt hin zum umfassenden Verständnis des Lebens und zur gebührenden Achtung vor diesem Leben zu tun ...

Ehre also einen Baumstamm, wenn du willst, oder sogar einen Stein ... denn in jedem "Ding" wohnt auf seine Weise und im ihm eigenen Maße einer der Aspekte *Dessen, das IST* und das Universum durchdringt.

Wenn du den zirkulierenden Fluss des Pflanzensaftes hören könntest, dann würdest du darin Schläge wie einen Herzschlag vernehmen. Wenn dein Ohr feinfühlig genug wäre, um in einen Stein hineinzulauschen und in ihm die Zeit zu verdichten, würde es darin eine Atmung wahrnehmen.

Alles lebt vom ihm eigenen Leben ... und alles ist daher Gedächtnis, denn gib dies weiter: So, wie es kein Leben ohne eine Form von Seele geben kann, kann es auch kein Leben ohne ein Gedächtnis geben.

Ich spreche hier nicht einfach von einem der Zeit unterworfenen Gedächtnis, wie ihr es kennt, sondern von einem Gedächtnis des Ursprungs, also der Zugehörigkeit zum Göttlichen.

Alles pulsiert in der heiligen Sehnsucht nach seinem Schöpfungsursprung und seiner letztendlichen Bestimmung. Das anzuerkennen, verstehst du, bedeutet bereits, das Eine in Allem zu achten. Es bedeutet auch, innerhalb des Vielfachen die ersten Buchstaben des Alphabets zu erlernen, mit dem wir bestimmt sind Silben zu bilden, Wörter, Sätze und schließlich ein ganzes Werk, um zu Sein und uns an uns selbst zu erinnern ... als Schöpfer.

Der Schöpfer ist ein Komponist, der auf einer Panflöte spielt. Auf die Gefahr hin, gotteslästerlich zu klingen, sage ich, dass Er verliebt den Paganismus[1] trällert, den Chorgesang all dessen, was ist! Aber Gotteslästerung gibt es nur im Herzen desjenigen, der meint, die Lebenswelle könne beschmutzt und klein gemacht werden.

Gotteslästerung liegt im Unwissen verhärteter Bewusstseine und krampfhaft geschlossener Hände.

Was ihr Gott nennt, lässt sich weder komprimieren noch ersticken mit irgendeiner Definition, die irgendein Glaube erfindet.

Für die Diener der Engel des Herrn, eure Freunde in der Ewigkeit, ist in diesem Sinne jede Religion eine Notlösung und letztendlich die Übersetzung eines grundlegenden Irrtums des menschlichen Bewusstseins.

Ein Käfig bleibt immer ein Käfig. Auch wenn seine Stäbe aus schönstem Gold sind, können sie niemals durch ihr bloßes beschwichtigendes Vorhandensein die unendliche Vielzahl der Horizonte dahinter verbergen.

1) Etymologisch bedeutet das Wort Paganismus (Synonym: Heidentum) "vom Lande kommend", also etwas, das mit naturbezogenen Kenntnissen und Riten verbunden ist.

Die Panflöte

Täuscht euch also nicht: Der Gott Pan aus alter Zeit, der dazu einlädt, die tausend Lebensformen der Schöpfung zu tanzen, ist einer der größten Interpreten der absoluten Einheit. Auch heute noch ist es gut, es ihm gleichzutun, den heiligen Reigen der Schönheiten des Universums zu würdigen und sich in ihn einzureihen. Nicht bloß in der Fantasie, sondern in Wirklichkeit.

Aber wie? Zunächst einmal, indem man alles um sich herum zu jeder Zeit achtet. Dann, indem man diese Geisteshaltung auch bei jedem Blickkontakt einnimmt. Und schließlich, indem man innerlich all die Umstände segnet, die früher oder später dazu führen werden, dass Grenzen gesprengt werden.

Weißt du, es gibt eine bestimmte Art und Weise, an die Einheit zu glauben, die nur zu Trennung führt. Sie besteht darin, sich ein System aus Gewissheiten zu schaffen, in dem sich alles gegenseitig hemmt. Es ist etwas "wunderbar Beruhigendes", vor allem aber "hoffnungslos Ausdörrendes". Noch schlimmer: Es lässt das wahre Leben verkümmern! Deshalb wird jede Religion untergehen, die sich immerzu hinter ihren Dogmen verschanzt.

Ein Dogma, das muss man verstehen, lässt keine Atmung zu; in seinem geschlossenen Raum bläst es immer wieder dieselbe Abluft in denselben Kreislauf. Die Seelen kommen darin mit unzähligen Viren in Kontakt und konditionieren sich gegenseitig. Zum Beispiel mit dem Virus des guten Gewissens, des Überlegenheitsgefühls oder des "guten Rechts" und somit allen Rechts ... Die Liste ließe sich fast unendlich fortsetzen und führt uns in ihrer Vielfalt zurück zu einem einzigen großen Virus, dem Schlaf des Bewusstseins.

Müsste dieser Mechanismus oder vielmehr diese Krankheit nicht ganz einfach zu analysieren und zu diagnostizieren sein? In Anbetracht des Zustands eures Planeten wohl eher nicht. Deshalb kommen wir auch als Erwecker zu euch.

Um wieder auf den Gott Pan zurückzukommen ... Glaubst du, er ist ein Symbol? Ganz und gar nicht. Er repräsentiert eine starke Macht, die eigenständig, intelligent und sich wunderbar ihrer selbst bewusst ist.

Pan ist die Summe aller Lebensformen, also aller Seelen, die das Geflecht der Natur weben. Er ist ihr kollektives Bewusstseinsfeld, das große, vollkommene Wesen, das aus ihrer Harmonie erwächst ...

In diesem Sinne werden alle an der Natur teilhabende Elemente zu Zellen seines Körpers. Ihre tiefe Vertrautheit, innige Verständigung und liebevoll verschmolzene, zielgerichtete und sublimierte Willenskraft verleihen ihm Leben, um den Zusammenhalt der Schöpfung zu bewahren.

Nichts anderes geschieht auch auf der Ebene des menschlichen Körpers ... Auf den feinstofflichen Ebenen findest du genau dieselbe zielorientierte Vertrautheit und Einigkeit zwischen den Zellen, die sich zusammentun, um ein Organ zu bilden, und auch die gleiche Vertrautheit zwischen den Organen, die bestrebt sind, sich gegenseitig zu ergänzen, damit ein Körper entsteht ... ein Körper, der die Rolle der Göttlichkeit spielen wird!

Sinne darüber nach: Wenn das Göttliche unser Ursprung ist, dann ist es auch unser gemeinsames Resultat. Wir geben ihm Nahrung.

Im Laufe unserer Unterweisung werden diese Worte noch klarer werden.

Werdende Göttlichkeiten

Sieh deinen Körper, den du bewohnst, mit neuen Augen. Er ist analog zur gesamten Natur, er ist ihre Zusammenfassung ... Und du, und ihr, die ihr die Verantwortung tragt, auf ihn achtzugeben und ihn auf eine noch höhere Verwirklichungsstufe zu führen, du bist, ihr seid sein Gott. Dies gilt sowohl auf den feinstofflichen Ebenen als auch in der materiellen Dichte.

Jedes tierische oder menschliche Bewusstsein ist die Göttlichkeit seiner eigenen Organe, seiner Zellen und natürlich der Moleküle, von denen sie gebildet werden.

Man könnte das noch weiter führen, weit über die atomare Struktur hinaus. Dort sähe man nicht nur Sonnensysteme mit ihren Planeten im Orbit, sondern auch Nebel und Galaxien auf dem Weg in ... dieselbe Realität wie die, die auch den Menschen magnetisch anzieht.

Die Macht, die wir Gott nennen, ist daher die Natur von allem, kein philosophisches Prinzip, dem man anhängen kann oder auch nicht ... Jede Manifestation des Lebens, in welchem Stadium der Blüte sie sich auch befindet, stellt für die unendlich vielen Teilchen, aus denen sie besteht, eine Göttlichkeit dar. Parallel dazu ist sie eine Art zu Göttlichkeit werdender Staub, ein Teilchen Gottes, der sich mit ihm erschafft und es hin zu einem "Immer mehr" zieht.

Mit diesen Augen sehen wir die Schöpfung: Wir sehen einen Mann und erkennen einen Gott in ihm. Wir sehen eine Frau und wissen, dass sie eine Göttin ist. In ihrer Vereinigung zeigt sich uns eine noch größere Göttlichkeit, die Verschmelzung zweier Zellen, die das Konzept eines künftigen "Organs" begründen ... Verstehst du? Versteht ihr?

Ja ... wenn man sich erstmals mit solchen Gedankengängen beschäftigt, kann es einem leicht schwindelig werden, sodass man fast den Mut verliert. Deshalb kann nicht der Verstand allein all das erfassen und integrieren. Es gibt eine innere Mauer, die es zu überwinden gilt. Bildlich gesprochen würde ich sie als eine Art "Ultraschallmauer" bezeichnen. Man überwindet sie in einer bestimmten Art der Stille und Liebe, die man nur entdeckt, wenn man sich in die verborgene Leere zwischen zwei Gedanken fallen lässt. Fernab von Orientierungspunkten und in absolutem Vertrauen. Es ist eines der Abenteuer, die nicht halb gelebt werden können.

Wenn ihr eine Freudenträne vergießen könnt über die Schönheit eines Grashalms oder über das Gedächtnis, das in einem einfachen Kieselstein enthalten ist, dann beginnt ihr wirklich zu verstehen. Die Sonne *in euch* wird dann besser zu ihren Planeten sprechen ...

Dieses Verständnis ist für den wahren Aufstieg des Bewusstseins von grundlegender Bedeutung. Mit ihm ist es möglich, ohne Zäsur zu leben zwischen dem, was "Ich" ruft, und den Abermilliarden Manifestationen des Lebens, die Teil der Schöpfung sind. Damit einher geht eine innere Haltung, dank der das inkarnierte Wesen nicht mehr geistig sterilisiert wird; sie bringt die Blase seiner Isolation zum Platzen. Sie weist auf einen Zustand dauerhafter Verbundenheit, der über die physischen und zeitlichen Grenzen zu allem, was war, ist und sein wird, einfach hinwegsieht.

Wie könnt ihr noch besser direkt und spontan mit der göttlichen Präsenz in Kontakt treten? Es ist so einfach, dass euch wahrscheinlich genau das verunsichert und irritiert. Denn die Grenzen sind in euch, sie sind nur eine Illusion ...

Die Illusion von Grenzen

Nehmt euch einen Stift und zeichnet eine horizontale Linie auf ein Blatt Papier, um es in zwei Hälften zu teilen. Ihr seid überzeugt, das obere Ende der Seite vom unteren Ende getrennt zu haben. Eure Augen nehmen es so wahr, und euer Verstand akzeptiert es.

Nehmt euch nun eine Lupe und seht euch die Linie damit einmal genauer an; schon jetzt werdet ihr feststellen, dass der Strich gar nicht so undurchlässig ist, wie ihr dachtet, und viele kleine Unregelmäßigkeiten aufweist.

Als Nächstes nehmt euch ein normales Mikroskop zur Hand und betrachtet die Linie aus noch größerer Nähe. Nicht nur werdet ihr staunen, wie durchlässig die Linie nun ist, sondern ihr werdet auch feststellen, dass eure Augen problemlos in dem Geflecht umherwandern können, bis sie fast in seine Materie eintauchen. Eure Linie ist schon jetzt keine Begrenzung mehr, sondern ein poröser Bereich irgendwo auf einer Seite, die ihr völlig aus den Augen verloren habt.

Nehmen wir nun einmal an, ihr hättet auch noch ein hochpräzises Elektronenmikroskop zur Hand, mit dem ihr nun eure Linie analysiert, dann hättet ihr überhaupt nicht mehr das Bild einer Begrenzungslinie vor Augen, sondern müsstet zugeben, dass zwischen den winzigen Tintenpartikeln auf dem Blatt leere Bereiche existieren, die alle untereinander kommunizieren und eure "Grenze" damit völlig illusorisch machen.

So kommuniziert im Universum alles mit allem. So stehen alle Aspekte des "Oben" ständig in Beziehung mit den Aspekten des "Unten" ... in einem Maße, dass diese seit jeher gegensätzlichen Begriffe sich nicht mehr widersprechen, sondern einer einzigen Realität angehören.

Halte das nicht für ein Spiel des Verstandes, der versucht, sich selbst von etwas zu überzeugen. Es ist eine absolute Tatsache. Entsprechend besteht keine mögliche reale Grenze zwischen den Elementen, die eine Zelle bilden, zwischen den Zellen untereinander, diesen Zellen und dem Organ, das sie bilden, den Organen untereinander und auch dem Körper, den sie hervorbringen und so weiter bis in alle Ewigkeit.

Deshalb gibt es kein einziges Geschöpf, das von seinesgleichen trennbar ist, unbeeinflussbar von den Elementen und Manifestationen der Natur ist, von seiner Welt abgeschnitten ist und in keiner Beziehung zu den anderen Welten steht. Im Grunde verschmilzt alles mit allem, sowohl in der dichten Materie als auch auf den feinstofflichsten Ebenen.

Nein, Überlegungen wie diese anzustellen, muss keine Kopfschmerzen bereiten. Es bedeutet nur zu beschließen, die inneren Grenzlinien aufzuheben und die göttlichen Formen zu achten, die sich durch das Selbst zum Ausdruck bringen und verwirklichen und uns helfen, wiederum selbst zu expandieren.

Das Glied bildet mit der Kette ein Ganzes, aber die Kette ist nichts ohne die Vermählung ihrer Glieder ... *Aus der Idee der Vereinigung von offensichtlicher Fülle und Leere geht die Kette hervor.* Sinne auch darüber nach.

Das Rätsel der Freiheit

Aber wo ist denn da die Freiheit, wirst du jetzt fragen? Sie ist immer da ... und verändert ihr Gesicht je nach der Höhe, in der der Reigen des Lebens getanzt wird, also je nachdem, welche Reife die Elemente des göttlichen Tanzes haben.

Je höher die Bewusstseinsstufe von Molekülen, Zellen, Organen oder menschlichen Wesen (was auf dasselbe hinausläuft) ist, desto mehr lösen sie sich vom "Gesetz der Zahl" ihrer Gruppe.

Jedes Element ist also aufgefordert, heller zu werden und zu strahlen, um schließlich in seiner Entwicklungssphäre auf seine Weise zur Sonne zu werden. Und was ist der Kern einer Zelle, wenn nicht ihre Zentralsonne?

Warum aber vermehren sich manche Zellen in Harmonie und andere in Anarchie? Warum spielen manche mikroskopischen Organismen eine konstruktive Rolle, während andere anscheinend dazu bestimmt sind, alles um sich herum zu verwüsten?

Weil die Freiheit, von der jeder Organismus oder jede Organismus-Parzelle umgeben ist, vergleichbar mit einem Schmiermittel ist, das unerlässlich für den Motor der Schöpfung ist.

Manche menschlichen Wesen, genau wie manche Zellen, kommen schneller voran als andere, erstrahlen mehr als andere und vor anderen ... Das große Mysterium der Freiheit lässt sich dem einfachen menschlichen Geist nicht vollständig begreiflich machen.

Die Freiheit ist die Schwester der Wahrheit. Beiden nähert man sich nur stufenweise in kleinen Schritten, weil sie uns sonst verbrennen würden. Warum? Weil sie keine absolute Definition haben. Sie expandieren fortwährend, weil sie keine Grenzen und deshalb keine Beschränkungen kennen!

Unser aller Freiheit als Männer und Frauen, die ein bestimmtes Stadium des Menschseins erreicht haben, besteht darin zu lernen, mit höherem Bewusstsein und somit höherer Verantwortung zu entscheiden, ob wir Schlachtfelder oder Friedensräume erschaffen wollen.

Natürlich trifft sich eine solche Entscheidung nicht allein mit dem Intellekt abgetrennt von den anderen Dimensionen des Seins. Der Intellekt allein verhält sich leicht wie ein diktatorischer Tyrann, der ganz nach Bedarf Argumente erfindet. Auch Idole erschafft er.

So lange die Welle der Entscheidung, angetrieben durch freiwillige, beständige Liebe, nicht bis hinab zum Zellkern gelangt ist, findet keine wirkliche Vergöttlichung des Seins statt. Dann bleibt sie nur ein Versprechen, ein Horizont.

Der plurale und singuläre Gott

Verstehst du also, *wo* Gott auf Erden weilt? Welchen Namen soll man ihm geben, wie erhält man Zugang zu seiner Präsenz? Wenn allein deine Neuronen sich in Bewegung setzen, um eine klare Antwort darauf zu formulieren, dann hältst du dich noch beim Gegenstand deiner Überlegungen auf.

Möge also niemand weiter gehen in dieser Unterweisung, die ich dir erteile, wenn er sie nur auf der ersten Stufe seines Verstandes zu empfangen vermag.

Der Gott der Erde hat keine Lieblingssprache und keine bevorzugte Wohnstatt. Er nennt es nicht Gotteslästerung, wenn man Seinen Namen lieber im Plural statt im Singular verwendet. Gegensätze haben in Ihm keinen Platz. Er zerstreut und versammelt zugleich. Er ist Einatmen und Ausatmen. Er ist sogar Atemstillstand, denn in Wahrheit umfasst er alles.

Nichts ist abzulehnen von dem, das durch das Spiel des großen Prismas ausgestaltet wird. Götter und Göttinnen sind Eigenschaften und Funktionen, durch die sich das ultimativ Heilige manifestiert ... und denen ihr auf eure Weise Nahrung gebt, indem ihr sie mit euren Gefühlen, Ängsten und Ambitionen färbt.

Welches Wesen ahnt, dass es dem Körper des Göttlichen Nahrung gibt? *Der Strom des Lebens ist keine Einbahnstraße,* weißt du. Er gleicht einer doppelten Luftsäule, in der der aufsteigende und absteigende Strom sich fortwährend begegnen.

Jedes Organ ist für den es beherbergenden Körper unerlässlich. Es nimmt auf und verteilt, was er benötigt ... doch sobald das Bedürfnis sich nicht mehr bemerkbar macht, verkümmert die Funktion, und das Organ verschwindet.

In der großen Manifestation des Göttlichen gibt es uralte Göttlichkeiten, die entsprechend mit dem Blinddarm im menschlichen Körper vergleichbar sind. Das Lebensprinzip, das ihnen ihre Gestalt und Daseinsberechtigung gab, hat sich verlagert.

So erscheinen und verschwinden Götter und Göttinnen im Rhythmus der menschlichen Bedürfnisse und Anrufungen. Sie tragen das Antlitz, das die energetische Kraft unzähliger Gebete ihnen verleiht. *Ein Gott handelt nur für die Zeit, in der menschliche Gedanken ihm Leben schenken ...*

Das bedeutet aber keineswegs, dass er eine kollektive Erfindung ist. Es bedeutet: Wenn das ihm zugrunde liegende Bewusstsein nicht mehr durch ein Bedürfnis und durch Inbrunst gespeist wird, besteht für es kein Grund mehr zur Öffnung der feinstofflichen Tür, durch die es sich manifestiert. Jedes Volk und jedes Wesen wirkt auf seinem Entwicklungsweg am großen Prisma der Schöpfung mit. Es genügt, die Notwendigkeit einer “Farbe” zu verspüren und sie entschlossen herbeizurufen, sodass sie sich offenbart ... und ihr schließlich ein Kult gewidmet wird.

Es genügt also, wenn ihr denkt, wünscht, ruft ... und viele seid, die dies tun, damit ihr schließlich eine Antwort des von euch so genannten Unsichtbaren erhaltet. Eine Präsenz, die sich ebenfalls weiterentwickelt, aber in einer anderen Lebenssphäre als ihr, wird dann die "energetische Gussform" annehmen, die ihr für sie vorbereitet habt, und sich auf diese Weise zum Ausdruck bringen.

Der Gott der Ameise

Seht ihr ... es existieren so viele mit dem Göttlichen verbundene Manifestationen wie es Arten von Bewusstseinsstufen gibt. Jede Lebensform kann in den Augen einer anderen Lebensform die Funktion einer Göttlichkeit oder *der* Göttlichkeit annehmen.

Wer seid ihr in den Augen einer Ameise, wenn nicht ein vollständig verwirklichter Gott?

Mit einem Fingerstreich könnt ihr sie von ihrem Weg abbringen, mit einem Fußtritt ihre Gemeinschaft verwüsten ... und mit wenigen Spatenstichen eine Katastrophe anrichten, die ihre Welt vernichtet.

Wenn ihr euch aber des Respekts bewusst seid, der ihrem Leben als Zelle gebührt, die nach Vergöttlichung strebt, dann werdet ihr sie nicht rücksichtlos behandeln. Ihr werdet ihr "Ende der Welt" nur aus absoluter Notwendigkeit herbeiführen. Schließt daraus, was daraus zu schließen ist ...

Sich die Mühe zu machen, in dieses Verständnis einzutauchen, ist ein großer Schritt in die Horizontale. Diesen Schritt dann auf eine ganze Umwelt und die ganze Natur auszuweiten bedeutet, sich zu einem bewussteren, verantwortungsvolleren Gott für sie zu machen. Ein noch größerer Schritt ist es dann, zu einem analogen inneren Prozess in der Vertikalen fähig zu werden. Er ist größer, weil er einer Logik der Bescheidenheit folgt.

In Wahrheit seid ihr für einige Präsenzen, die das Universum bevölkern und die ihr zu Recht Göttinnen und Götter nennen könnt, kaum etwas anderes als Ameisen, deren immer wieder auftretende Katastrophen und Apokalypsen aufgrund ihres Bewusstseinsstadiums einfach unumgänglich sind.

Natürlich ist dieses Bild vom unendlich Kleinen parallel zum unendlich Großen nicht neu. Neu kann es aber werden, wenn ihr zulasst, dass es eure Hirnregion verlässt und ihr euch von *dem* durchdringen lasst, was es *wirklich* bedeutet.

Denn macht euch dieses klar: Wenn wir "unendlich groß" sagen, müsst ihr "unendlich subtil" darunter verstehen. Wahre Größe, seht ihr, hat niemals mit Abmessungen zu tun. Sie ergibt sich aus der Erhöhung der Schwingung, die die Seele dem Körper aufprägt ... und die eine Gruppierung von Wesen einer Welt verleiht.

Genau zu diesem Sprung in die Vertikale seid ihr dringend aufgefordert ... ansonsten könnte euer Ameisenhaufen sehr radikal hinweggefegt werden, ohne dass ihr wisst warum.

Versteht das nun aber nicht als Drohung oder Strafe, verhängt von einer göttlichen Macht, deren Verkünder wir sind. Seht in diesen Worten einfach nur den entschlossenen, mitfühlenden Hinweis auf ein universelles Gesetz, an dessen Gestaltung ihr ständig mitwirkt. *Ein Gesetz, das in eine immer höhere Höhe als die Höhe führt.* Und ein Gesetz, das die Schönheiten der Horizontalität der Welten als Triebkräfte des Bewusstseins achtet und zusammenführt.

Hört auch noch dieses ... Jeder Gott trägt eine Verantwortung, nämlich, die Harmonie innerhalb des Universums zu bewahren, dessen Definition er geschaffen hat. Muss da noch mehr gesagt werden, was eure unvermeidliche, notwendige Mitwirkung an der Macht des Lebendigen betrifft, die sich ihrem Wesen entsprechend ins Unendliche ausdehnt?

Der solare Gott

Steigen wir noch weiter die Vertikale hinauf ... Es ist ganz einfach, denn wir brauchen nur dem roten Faden zu folgen, den wir gerade in Richtung aller Formen von Sonnen geworfen haben. Blicken wir über den und die planetarischen Götter hinaus. Schauen wir hinter den Schleier des Unsichtbaren, der den Zusammenhalt eurer unmittelbaren Welt bewahrt.

Es gibt dort einen weiteren Schleier zu entdecken und zu lüften. Es ist ein Lichtvorhang, der, anders als man meinen könnte, die Schönheiten des ersten Schleiers weder verkennt noch ablehnt noch missachtet und der seine offenkundige Fortführung und nicht sein Gegensatz ist. Wenn ihr bis hierher die wunderbare Einheit von Singular und Plural in euch in Einklang bringen konntet, dann deshalb, weil seine Widerspiegelung bereits in euch wirkt.

Wir sprachen von der Freiheit und ihrem Prinzip, das allen Lebensformen wie ein Nährboden zugrunde liegt, von der scheinbar unbedeutendsten bis zur unermesslichsten. Wir sprachen von der Macht, die ihnen allen die Möglichkeit schenkt, sich zum Zustand einer Sonne zu entwickeln. Zur Sonne einer Zelle und dann eines Organs. Zur Sonne eines Körpers, seinem Herzen. Zur Sonne, die Frauen und Männer vereint, einem Weisen. Zur Sonne, die Weisen den Weg leuchtet, einem Meister der Weisheit. Und schließlich zur Sonne der Aufgestiegenen Meister, einem Christus oder Buddha ...

"Schließlich" haben wir gerade gesagt, um das Schwindelgefühl zu stoppen und eine Pause im Verstehen einzulegen. Man muss eine Stufe nach der anderen nehmen ... Die Wurzeln eines Baumes müssen erst fest verankert sein, bevor sich Äste und Zweige entfalten können.

Der Dornen-Mensch

Stellt euch vor, dass das Herz eines Menschen im Laufe der Zeiten so sonnig geworden ist, dass es nicht mehr anders kann, als die Stufe Seinesgleichen zu verlassen ... Und stellt euch vor, dass er so sehr von Sonne erfüllt ist, dass er unweigerlich zu einem funkelnden Stern wird, auch in den Augen jener, die schon lange begonnen haben erleuchtet zu werden. Was wird aus diesem Menschen? Wird er schon zu Lebzeiten von den Massen verehrt?

Ihr wisst sehr wohl, dass dem nicht so ist, denn seine Andersartigkeit macht Angst. Er blendet. Er tut den Augen aller weh, die noch im Schatten des tief schlafenden Bewusstseins leben. *Er ist ein Dorn in der Ferse der "animalischen Menschheit", ein Splitter, der dringend entfernt werden muss.* Man macht entweder einen Dämon aus ihm, der gekommen ist, um die Herzen zu verwirren, oder eine Göttlichkeit, der in einem Kult gehuldigt werden muss. Sofern man ihn nicht zum Propheten starrer Lebensgrundsätze erklärt und damit kleiner macht ...

Die Wahrheit ist, dass ein solcher Mensch keinen wirklichen Platz in der Welt haben kann, in die er hineingeboren wurde. Als Meister der Weisheit weiß er es, hat aber durch seine Inkarnation entschieden, koste es, was es wolle, das Strahlen einer größeren Sonne in die Menschheit zu tragen, das er einfangen konnte und sein eigenes Strahlen vergrößert hat.

Als Sonne, die einer anderen Sonne zum Ausdruck verhilft, zeigt er sich seinen Zuhörern als göttlicher Botschafter. Da er eine Sonne ist, bewirkt das universelle Gesetz der Analogie, dass um ihn herum rasch und ganz natürlich ein Planetensystem entsteht: seine Jünger. Und ebenso viele verschiedene Sensitivitäten und somit unterschiedliche Umlaufbahnen.

Gehen wir in dem Vergleich noch weiter. Nach dem Fortgang eines solchen Menschen wird jeder seiner Jünger seinerseits zur Lichtquelle. Aber noch sind sie nur eine Widerspiegelung dieses Lichtes. Um sie herum werden keine Planeten entstehen, aber sie werden Monde ausbilden wie die Spiegelung einer Spiegelung ...

Deshalb, seht ihr, ist ein Reisender des Geistes, der sich die wahren Fragen stellt, ein wenig mit einem interstellaren Reisenden vergleichbar. Er kann sich für Monde, Planeten und unzählige Himmelskörper interessieren, aber was wirklich in ihm wohnt, ist die freudige Sehnsucht nach der Sonne des Ursprungs.

Die Rolle des Avatars

Wenden wir uns einmal etwas genauer diesem Meister der Weisheit zu, der eine Sonne trägt, die intensiver ist als seine eigene. In den Traditionen wird er *Avatar* (Inkarnation des Göttlichen) genannt, weil eine Macht in ihm wohnt, die aus der Sonne hervorgegangen ist. Ein solcher Avatar wird zum "Christus"[2], denn er transportiert eine Welle der Läuterung und Segnung, die auf die Welt abgestimmt ist, in der er sich entschieden hat zu inkarnieren.

Da es nur wenigen von euch gelingt, dies zu verstehen, sollte beispielsweise klar zwischen dem Meister Jesus und Christus unterschieden werden. Denn der Meister der Weisheit namens Jesus war ein Avatar, dem die Rolle zukam, einige Jahre von der solaren Präsenz Christi "besetzt" zu werden.

Wenn man sich über die feinstoffliche Natur einer Besetzung im Klaren ist, erfasst man besser den Sinn einiger seiner Worte. Das "Ich" aus seinem Munde war nicht das Ich eines irdischen Menschen, selbst wenn er der am höchsten Verwirklichte von ihnen gewesen wäre.

Es wurde vom Bewusstsein der größten Lichtquelle ausgesprochen, die in eurem Sonnensystem existiert, der Lichtquelle Christi.

2) D. h. durch das Göttliche "gesegnet", "gesalbt". Dieser Begriff ist hier nicht im Kontext des Christentums zu verstehen. Auch außerhalb unseres historischen Kontextes kann es zahlreiche Christus' geben ...

Es handelt sich um einen Christus, der nicht auf eine Religion oder einen bestimmten Glauben reduziert ist, um ein göttliches Prinzip, das sich unter verschiedenen Namen überall auf eurer Welt manifestiert und zu einem Aufstieg des Bewusstseins aufruft.

Verstehst du? Versteht ihr? Haltet einmal kurz inne, um euch dieses Phänomen und seine Konsequenzen bewusst zu machen.

Eine Besetzung kann man sich in etwa als ultimative, überaus heilige Einverleibung vorstellen. Sei dir bewusst, dass wir "heilig" nicht aus Konvention sagen, sondern weil hier die Essenz reinsten Lichts berührt wird, vor dem man sich spontan verneigt.

In den Augen der "Diener der Engel des Herrn" impliziert das Heilige keine Religiosität. Es ist fester Bestandteil dessen, was am Leben fundamental nobel, geheimnisvoll und schön ist. Es ist Ausdruck des ständigen Wunders der Schöpfung.

Das verschmelzende "Ich"

Kommen wir zur Unterweisung des Avatars zurück ... Das "Ich" aus seinem Munde ist zunächst einmal ein Atemhauch aus seiner Brust. Die Menschen der Erde sehen es entweder als persönliche Äußerung eines im abwertenden Sinne "Erleuchteten" oder als Zeichen eines ausschließlichen, endgültigen Zustands von Göttlichkeit.

Nichts davon trifft zu ...

Das "Ich" des Avatars ist Zeichen der Identifikation und Verschmelzung mit dem Göttlichen in dem, was an Ihm gegenwärtig begreiflich ist. Ein ultimatives "Ich" gibt es nicht. Seine Idee erschafft sich, wandelt sich und erschafft sich wieder bis in alle Ewigkeit.

Jedes "Ich", das sich für endgültig hält, ist lediglich ein "Ich" der inkarnierten Persönlichkeit, wenn auch gut getarnt. Ja, ein Avatar ist ein Wesen, das ein Stadium außergewöhnlicher Verschmelzung des Bewusstseins mit dem solaren Prinzip erreicht hat, dem das Planetensystem seiner Welt untersteht.

Eure Erde, seid euch gewiss, hat bereits sehr viele Avatare hervorgebracht. Wir nennen sie Söhne der Sonne ... und Tatsache ist, dass nur der "Sohn"-Aspekt des Göttlichen sich in der Dichte der Materie durch Inkarnation manifestieren kann. Ob als "zweite Person" der christlichen Dreifaltigkeit oder als Vishnu, das "zweite Prinzip" des hinduistischen Trimurti - er offenbart dieselbe große, alterslose Wahrheit. Vishnu, der Sohn, hat die Sonne als Wohnstatt.

Ob man ihm nun die Identität von Rama, Krishna, Osiris, Jesus oder Quetzalcoatl zuweist, es ändert nichts. Es ist dieselbe Macht, die Zeitalter für Zeitalter sagt, was sie zu sagen hat.

Die Identität der Sonne

Aber welche Identität hat nun diese Sonne, dieser Christus oder (wenn ihr so wollt) Buddha, der in regelmäßigen

Abständen eure Welt besucht? Was ist das für ein Feuer, das alles zu Ihm hinzieht, vom Atom über die Zelle, das Organ, all die Manifestationen der Seele und die tausend Formen des Göttlichen in der Natur bis hin zum Meister der Weisheit? Kann man sein Geheimnis lüften? Ist Es Gott?

Eigentlich könnte man es bei seinem physisch und symbolisch blendenden Strahlen bewenden lassen. Es könnte schon genug sein ... Und genau das tun auch so gut wie alle, die sich gläubig nennen ... *Aber wir richten uns mit unseren Worten hier nicht an die "Gläubigen". Unsere Aufgabe ist es, diejenigen zu unterweisen, die das Leben lieben, die immer weiter gehen möchten und für die der Halt an einem Punkt intellektueller Sicherheit eine neue Grenzmarkierung und der Beginn eines heimtückischen Schlafes ist. Glauben allein genügt nicht.* Zu leben und zu wachsen bedeutet nachzuforschen, um zu versuchen zu verstehen und immer weiter zu verstehen ...

Was also ist die Sonne? Woraus besteht sie und woher kommt sie?

Lassen wir einmal sämtliche kosmologischen Überlegungen beiseite. Uns interessiert die Essenz der Sonne, ihre tiefe Identität als Bewusstsein. Sprechen wir darüber so klar wie möglich und berücksichtigen wir, dass unser Wortschatz beschränkt ist.

Die Konzepte, auf die wir hier näher eingehen möchten, haben auf der Erde noch keinen Platz. Wir weisen also darauf hin, dass wir vereinfachen müssen ...

Das Bewusstsein der Sonne, ihre Realität als Wesen und nicht als Himmelsobjekt, ist das Ergebnis einer Verschmelzung. Wir sprechen hier von einem Zustand der Verwandlung, der so außergewöhnlich und hochgradig ist, dass niemand sich eine angemessene Vorstellung davon machen kann.

Es ist die Verschmelzung der Meister der Weisheit, die die höchste Verwirklichung ihrer Welt erreicht haben, zu einer einzigen Macht, in einer Schöpfungswelle, die sich vor unserer eigenen ereignet hat.

Jeder dieser Meister stammte von einem Planeten, der einem System angehörte, welches eine Zentralsonne umkreiste. Er war das am höchsten aufgestiegene Wesen, das sich jemals auf diesem Planeten befunden hatte. Mit anderen Worten war er also ein Krishna, Buddha oder Jesus, um nur einige symbolische Namen zu nennen ...

Als vollendete Meister der Weisheit, die perfekt für die Welt gewesen waren, in der sie sich entwickelt und gewirkt hatten, waren sie am Ende ihrer Entwicklung angelangt ...

Deshalb waren sie aufgefordert, zu einem anderen Grad der Vollkommenheit überzugehen, in ein Stadium, das wir mangels eines besseren Ausdrucks das Stadium der Verschmelzung nennen.

So haben Wesen analog zu Jesus oder Buddha Gautama ihr Bewusstsein zwei mal zwei, dann vier mal vier "vermählt", bis ihre solaren Präsenzen nur noch eine waren: Eine eigenständige Sonne, ein Stern, der in der künftigen Schöpfungswelle für eine Gruppe von Planeten zuständig war.

Nimm all das in dich auf ... Verarbeite es im Herzen, bevor du weitergehst. Nimm dir Zeit zur Aneignung, so wie sie sich auch das Göttliche zwischen zwei Schöpfungsphasen nimmt.

Atme ein, um dir wieder die Bestandteile *dessen* zuzuführen, das war und dich wachsen lassen wird. Praktiziere das Göttliche, indem du den Sinn des vom Lebendigen entworfenen Erlebens ganz in dich aufnimmst.

Die solare Verschmelzung

Und dann versuche, das Prinzip der solaren Vermählung oder Verschmelzung zu verstehen. Sie steht im absoluten Mittelpunkt dessen, was wir dir anzuvertrauen haben. Sie ist der Schlüssel inmitten all ihrer vorstellbaren und unvorstellbaren Entwicklungen. Diese Vermählung ist die ultimative Liebeserklärung, soweit wir diese Liebe begreifen können.

Wie können zwei vollkommen verwirklichte Bewusstseine, deren Dimensionen also von der dichtesten bis zur feinstofflichsten alle miteinander im Einklang stehen, zu einem einzigen Bewusstsein verschmelzen? Nur ein Wesen, das dieses Mysterium unmittelbar erfährt, kann davon Zeugnis ablegen ...

Aber eines nach dem anderen! Einen heiligen Mechanismus wie diesen muss man genauestens in seinen Abläufen verstehen. Nicht die Seelen der größten Aufgestiegenen Meister vermählen sich bei dieser so besonderen kosmischen Hochzeit.

Es ist ihr Geist, also ihre geschlechtslose erste Realität. Denn jeder dieser großen Verwirklichten (die Sonnen ihres Planeten) muss zuerst die männliche und weibliche Polarität in sich vereint haben.

In Wahrheit kann kein Wesen vollen Anspruch auf die Befreiung des Aufstiegs erheben, wenn es sich nicht zuerst selbst ehelicht. Dieser Übergang ist ein Muss, weil er logisch ist, und logisch, weil er die Aufhebung der Dualität im Selbst bedeutet.

Wenn die Eins und die Zwei sich in der Materie vereinen, rufen sie nach der Manifestation der Drei ... aber wenn sie schließlich auf den höchsten Stufen des Seins verschmelzen, beschwören sie bereits ein Bild herauf, das dem der idealen solaren Zwölf vorausgeht.

In der in uns eingeschriebenen Entwicklung strebt der geschlechtslose Geist danach zu expandieren, bis er eine Form der Verwirklichung findet, die ihn zur Vollkommenheit der Zwölf führt.

Höre nun dies: Bei der Schöpfungswelle, die der unseren vorausging, haben sich die acht größten Aufgestiegenen Meister, die aus acht schwingungsverwandten Planeten hervorgingen, vereint, um die Sonne zu erzeugen, unter der wir uns heute versammeln.

Wenn diese Sonne wiederum die uns gegenwärtig bekannten neun Planeten um sich hat, dann deshalb, um an der unvermeidlichen Expansion des Lebens hin zur Vollkommenheit der Zwölf teilzuhaben. Somit kannst du davon ausgehen, dass die neun am höchsten verwirklichten Meister dieser neun Planeten eines "Tages" im Großen himmlischen Kalender ihren Geist werden verschmelzen lassen, um einen neuen Sonnenkern zu erschaffen, der für ein anderes Universum bestimmt ist.

So kompliziert ist es also gar nicht ... Man muss die Türen nur ganz langsam öffnen, damit die Weiten der neuen Horizonte nicht beängstigend wirken.

Der Geist eines Planeten

Aber was geschieht bei einer hohen kosmischen Vermählung wie dieser mit den anderen verwirklichten Meistern eines Planeten, die nicht den Rang der Verschmelzenden haben, sondern zum Beispiel den der Acht oder Neun? Auch sie sind zu einer kosmischen Vereinigung von außergewöhnlicher Intensität bestimmt. Sie haben die Möglichkeit, ihren Geist zu verschmelzen, um in einer künftigen Schöpfungswelle die innere Sonne eines Planeten entstehen zu lassen.

Ja, jeder Planet hat eine Zentralsonne. Sie ist sein heiliges Feuer, sein schlagendes Herz, seine verbindende Kraft. Sie ist so unerlässlich wie der Kern einer Zelle.

Wichtig ist vor allem zu verstehen, dass sie die Wächterin seines Gedächtnisses ist, der unüberschaubaren Summe aller Erfahrungen der Lebensformen, die die Aufgestiegenen Meister, die sie erschaffen haben, aus der letzten Schöpfungswelle, der sie entstammen, mitgebracht haben.

In Begriffen der jetzigen irdischen Zivilisation könnte man sagen, dass der Sonnenkern die "zentrale Datenbank" des phänomenalen Computers ist, den das Universum eines Planeten darstellt, und aller Ausdrucksformen des Lebens, die sich dort im Laufe der Zeiten entwickeln.

Die innere Sonne eines Planeten ist also von höchster Bedeutung. Ihr Gedächtnis ist ihre treibende Kraft.

Ein Gedächtnis hat tatsächlich nur eine Daseinsberechtigung, wenn es Teil eines Entwicklungsplans ist. Jedes Konzept von "Vergangenheit" (auch wenn es in einer illusorischen Zeit relativ ist) ist zwangsläufig mit dem einer Zukunft verbunden.

Die innere Sonne eines Planeten wie etwa der Erde trägt das Programm der Welten in sich, die sich dort entwickeln sollen. Das bedeutet, dass der Kern, den sie darstellt, unzählige Keimlinge in sich trägt, deren Masterplan einem bestimmten *Lebensprojekt* entspricht.

Wisst außerdem, dass sie durch ihre Stärke veranlasst ist, ständig zu versuchen, die Schläge zu absorbieren, die ihr immer wieder von den sich auf der Erde entwickelnden Menschheiten zugefügt werden. Dazu zählen alle möglichen Arten von Verschmutzung, von denen die schlimmste zweifellos psychischer Natur ist.

Eine der Rollen der Zentralsonne eines Planeten ist es daher, Zeitalter für Zeitalter aus reiner Liebe zu versuchen, die Masse der kollektiven psychischen Belastungen zu absorbieren, die von den aufeinanderfolgenden Zivilisationen erzeugt wird. Ihr kommt also die Rolle zu, das kollektive Karma der Völker zu regulieren ... bis hin zur zeitweiligen Überlastung.

Die Befreiung des kollektiven Karmas

Wenn man die Bedeutung dieses Lebensfeuers oder eher Bewusstseins des Mitgefühls erfasst, beginnt man zu verstehen, warum es heißt, Christus sei zum Zeitpunkt der Kreuzigung "in das Reich des Todes hinabgestiegen". Dieser Begriff steht ganz einfach für die Verzerrung und Verkindlichung eines Großereignisses.

Tatsächlich hatte das Christusbewusstsein (das Bewusstsein der Sonne unseres Planetensystems), als es den gekreuzigten Körper des Meisters Jesus verließ, die Aufgabe, die innere Sonne der Erde vom überschüssigen kollektiven Karma der Menschheiten zu entlasten, die sich auf ihr befunden hatten.

Analog zu euren Computern kommt immer ein Zeitpunkt, an dem die Speicherkapazität eines Planeten ausgelastet ist, sodass ein Weiterkommen unmöglich ist.

Das Werk des Christusprinzips als Zentralsonne eines Planetensystems (oder wenn ihr so wollt, als *sein Gott*) bestand also darin, ein Gedächtnis zu reinigen, es von allen Rückständen des Leids zu befreien, die sein Wachstum hemmten und es daran hinderten, "etwas anderes" zu erlernen.

Verstehe dies: Eine Gemeinschaft "von ihren Sünden reinzuwaschen" bedeutet, ihr Gedächtnis zu reinigen und zu erleichtern, um darin Platz für die Entwicklung hin zu einem liebevolleren Bewusstsein zu schaffen.

Ist es nicht an der Zeit, dass ihr euch entkindlicht, was den Gang des Lebens und den Sinn des darin wirkenden Göttlichen betrifft?

Aber kommen wir zum Schöpfungsprojekt eines Planeten wie der Erde zurück ... Man sollte nicht davon ausgehen, dass seine zugrunde liegende Vision unbedingt nur einer humanoiden Lebensform erlauben will zu wachsen, also ein höheres Bewusstsein zu erlangen. Denn zum einen ist das menschliche Stadium, wie ihr es heute versteht, nur vorübergehend, und zum anderen ist es lediglich eine Manifestation des Lebendigen unter Milliarden anderen.

In den Augen des Höchsten Bewusstseins, nach dem wir alle streben, trägt selbst die winzigste Ausdrucksform des Lebens das vollständige Potenzial zur "Vergöttlichung" in sich.

Da das Absolute die Maßeinheit des ultimativen Bewusstseins ist, hat somit keine Lebensform wirklich Vorrang vor einer anderen, auch wenn offenkundig manche auf der Evolutionsleiter weiter entwickelt sind als andere. Auf die "erste" wird nicht weniger achtgegeben als auf die "letzte". Demut angesichts der Unermesslichkeit dessen, was Ist, ergibt sich nicht nur aus aktivem Mitgefühl, sondern ist einfach die Konsequenz eines klaren, logischen Verständnisses der universellen Ordnung.

Der Mann und die Frau, deren Idealbild ihr in euch tragt, sind nur einer der unzähligen Aspekte, durch die das Göttliche sich zum Ausdruck bringt und Erfüllung sucht ...

Wie ein Kern oder eine Sonne tragen sie ein Programm der Vervollkommnung in sich, die es durch die Entdeckung anderer Kontexte der Entwicklung immer noch mehr zu verfeinern gilt.

Glaubt ihr, dass die Sonne (nennt sie je nach eurem Empfinden christlich oder buddhistisch) in ihrem Lauf stehen geblieben ist? Glaubt ihr, dass sie in ihrer Vollkommenheit ruht? Nein, sie ist aktiver als jemals zuvor. Sie bewegt sich auf ein Unendliches zu, von dem selbst die größten Aufgestiegenen Meister nur träumen können.

Vergesst eines nicht: Es gibt immer noch einen weiteren Horizont hinter dem bekannten ... Seid euch auch gewiss, dass es für das Perfekte immer ein Mehr-als-Perfekt gibt, dessen Konturen und Identität nur Es selbst erahnen kann.

Das soll euch nicht entmutigen und schon gar nicht ängstigen! Wenn Scheuklappen fallen, passiert es oft, dass das Auge verwirrt oder geblendet ist ... aber dann passt es sich an und gewöhnt sich an die neue Perspektive, bis es sie schließlich als normal empfindet.

Wenn ihr entschlossen seid, wirklich zu leben, dann wisst, dass es ein "Zu groß" nicht gibt, aber dass man am "Zu klein" stirbt.

Was macht euch Angst? Sich nichts von all dem merken zu können, was euch hier zugetragen wird? Es nicht in sämtlichen Details zu verstehen? Entspannt euch! Anspannung bedeutet Verengung, wo ihr doch genau zum Gegenteil aufgefordert seid.

Lasst es vielmehr in euch reifen ... Und lasst in euch alles verwelken, was nach Widerstand aussieht. Ihr seid wahrhaftig ein Kern mit einer Schale, die etwas Zeit und Aufmerksamkeit braucht, um aufzuplatzen. Kein Keimling wird jemals die Sonne erblicken, ohne die Grenze zu sprengen, von der er umschlossen ist.

Die Angst vor der kosmischen Hochzeit

Was macht euch sonst noch Sorgen? Das Prinzip der Verschmelzung? Ihr fragt euch, ob man dabei seine Selbstbewusstheit verliert? Natürlich nicht, in Wirklichkeit ist genau das Gegenteil der Fall! Man gewinnt an Selbstbewusstheit ... während das "Ich"-Bewusstsein zerfällt. So ist es ... Die kleine Identität, so schön und respektabel sie im Laufe der Inkarnationen und Polituren des Lebens geworden ist, wird sich im Feuer der Verschmelzung ganz natürlich auflösen.

Es ist aber wichtig, darin keine Auslöschung *Dessen* zu sehen, das sich in uns bewusst ist zu Sein. Vielmehr sprechen wir hier von der wunderbaren Ausweitung *Dessen*, durch das wir mit all den Galaxien unserer angesammelten Erfahrungen wir sind.

Aber wisst ihr, was eine dauerhafte Expansion des Bewusstseins eigentlich ist? Es handelt sich gleichsam um einen Schnellgang des Bewusstseins. Es ist die unglaubliche Entdeckung der Fähigkeit, alles zu verstehen, über den brillantesten Intellekt und die denkbaren Formen hinaus ... um ganz und gar in einen sicheren Friedensraum einzutreten. Dort eröffnen sich unzählige "Felder des Möglichen" mit einer so wunderbaren Perspektive, dass die schönsten Sehnsüchte des inkarnierten "Ich" farblos wirken.

Erinnert ihr euch noch an die Bilderbücher, die euch als Kind fasziniert haben? Wenn ihr noch einmal einen Blick hineinwerfen könntet, wärt ihr vielleicht irgendwie gerührt, aber gleichzeitig auch überrascht, wie naiv und wahrscheinlich auch dürftig die Inhalte sind, die euch früher so viel Freude bereitet haben ...

So erweist sich das Streben nach etwas Höherem und Größerem (bis zum Zustand der solaren Verschmelzung) als Antrieb der Suche nach Glück.

Alles, was Ist, wird davon genährt, als wäre die Erinnerung an die Zukunft und die Verheißung einer kosmischen Hochzeit in alles eingeschrieben, auch über das atomare Universum hinaus.

Es ist diese innige, befriedende Art von Wahrnehmung, der sich jedes Wesen nähert, wenn sein physischer Tod eintritt, zumindest, wenn er harmonisch verläuft.

Dabei handelt es sich um eine transzendentale Verbundenheit mit der Essenz des Lebens, sodass sich alles im Jetzt extrem vereinfacht. Da ist kein Schatten mehr, der sich dem Licht entgegenstellt, keine Verbitterung oder Wut, noch nicht einmal mehr die Erinnerung an einen Kampf, den man führen muss ...

Alles, was nicht Gnade und Freude verströmt, wird neutralisiert. Der einzige Unterschied ist, dass die Ekstase im Augenblick des Todes flüchtig ist, während sie bei der Vereinigung einer Seele mit ihrer exakt sich ergänzenden Polarität (oder bei der Verschmelzung mehrerer Geiste) konstant und beständig ist.

So geht der Tod, wie ihr euch ihm nähern und ihn erleben könnt, auf seiner Stufe den Metamorphosen voraus, zu denen ihr euch notwendigerweise weiterentwickeln werdet.

Alles ist Tod und Auferstehung, seht ihr!

Eine Sonne ist nur deshalb zur Sonne geworden, weil sie mehr Mutationen hinter sich hat als jede andere Lebensform in ihrem "Winkel der Galaxie".

Versteht ihr jetzt, warum die Zahl 8 auf der archetypischen Ebene mit dem vertikalen Abstieg Christi auf die Erde assoziiert wird und warum das Unendlichkeitszeichen in dem, was wir materiell davon begreifen können, nichts anderes ist als eine 8 in der Horizontalen?

Aus ihrer Begegnung entsteht spontan ein Kreuz oder ein doppelter *Dorje*, Archetypen der Macht und Auferstehung und Zeichen des ultimativen Schlüssels.

Versteht ihr auch, warum in derselben Betrachtungsweise die 17[3] in allen Traditionen zugleich mit den Sternen und dem Symbolismus des Gral verbunden ist? Im Universum der feinstofflichen Energien löst sich die 17 zu einer 8; sie ist ein Zugangscode, ein Schlüssel zum solaren Bewusstsein.

Diese Erkenntnis braucht nicht im Gedächtnis gespeichert zu werden ... Man erlangt sie durch Meditation.

Was die neun größten Aufgestiegenen Meister betrifft, die eurem aktuellen Sonnensystem entstammen werden, so werden sie sich am Ende der gegenwärtigen Schöpfungswelle im Geiste vereinigen und auf diese Weise eine Sonne für die nächste Schöpfungswelle begründen ... eine Sonne, die nicht neun, sondern zehn Planeten hervorbringen wird, also zehn potenzielle große Meister ... und so fort.

---

3) Es geht hier nicht um Ziffern oder Zahlen als einfache Symbole, sondern vielmehr um die Essenz der Zahlen. Die Ziffer gehört dem Reich des Körpers an, die Zahl betrifft das Reich der Seele, während die Essenz der Zahl, ihr Archetyp, das Sephiroth, mit dem Geist verbunden ist.

Wenn die Analogie das konstante, allgemeine Gesetz der Entwicklung des begreifbaren Universums ist, veranlasst sie gleichzeitig auch eine Expansionsbewegung. So gehört das Analoge niemals dem Wiederkehrenden an.

Zwischen Wahl und Notwendigkeit

Nun stellt sich die Frage: Ist die Verschmelzung sich ergänzender Seelen und mehrerer Geiste zu Zwecken, die wir solar nennen wollen, unvermeidlich? Entsteht sie aus einer Verpflichtung heraus oder aus freier Wahl?

Wenn die Meditation ihr Werk getan hat, antwortet man geradewegs: "Beides zugleich."

Das Prinzip der heiligen Vereinigung ist unvermeidlich, insoweit es sich aus einer natürlichen Magnetisierung ergibt. Ich habe dich gelehrt: Singular und Plural widersprechen einander nicht. Sie deklinieren die Göttlichkeit nach Notwendigkeit und Ausdrucksniveau. Die Eins verlangt Trennung, um zu wissen, dass sie existiert, während die Zwei Vereinigung anstrebt, um aussäen zu können und das Wesen so in ein anderes Verwirklichungsstadium zu befördern.

Doch trotz dieser unausweichlichen Logik besteht weiter die Möglichkeit der Wahl, die sich aus dem Freiheitsprinzip ergibt. Jedes Wesen - sogar ein sich vollkommen seiner selbst bewusster Meister - kann sich gegen die heilige Vereinigung entscheiden, wenn sie sich ihm bietet. Er kann entscheiden, seinen Weg "einsamer" fortzusetzen. Wir sagen nicht "individuell", denn wenn sich einer autonomen Lebensform eine transzendentale Möglichkeit eröffnet, ist dies ein Zeichen dafür, dass sie bereits einen fortgeschrittenen Zustand der Verbundenheit mit Allem erreicht hat.

In diesem Fall verliert der Begriff des Individuums oder der Individualität den Sinn, den man ihm sonst zuschreibt; er beinhaltet kein Ego und keine Persönlichkeit mit der Auffassung, von der Welt getrennt zu sein. Daher kann es sein, dass die Schwelle der kosmischen Vermählung nicht überschritten wird, weil einer bestimmten Aufgabe, zum Beispiel in der Materie, nachgegangen werden soll.

Dies tun bestimmte Wesen, die ihr *Boddhisatvas* nennt. Sie akzeptieren, ein Gepäck aus menschlichen Eigenschaften mit sich zu führen und deshalb weiter in der Dichte zu inkarnieren, statt in eine andere Wirklichkeit aufzusteigen. Natürlich wählen sie dadurch keine Stagnation. Vielmehr handelt es sich hier um einen Aufstieg anhand der "horizontalen Methode", einen Pfad, der zweifellos seine Großartigkeit und Schönheit hat. Doch es ist ein steiniger, mühseliger Pfad.

Klar ist aber auch, dass alle, die diese Wahl treffen, dennoch eines Tages im Großen kosmischen Kalender vor der Notwendigkeit stehen werden, zu "etwas anderem" weiterzugehen und eine Symbiose zu leben, die sie in einen Zustand noch größerer Meisterschaft führen wird. Dann werden sie sein wie ein Heliumballon, dessen Gondel nicht weiter belastbar ist, sodass es an der Zeit und logisch ist, sie zu "erleichtern".

Fassen wir einmal zusammen ... Beim Lüften eines Teils des Schleiers, der die Sonnenidentität verdeckt, also das Christusbewusstsein oder auch die Natur Gottes in unserem gegenwärtigen System, haben wir einige Entwicklungsaspekte angesprochen: Zwillingsseelen, die sich in einem Geist begegnen, und Meister der Weisheit und wie sie miteinander verschmelzen können und dadurch wahre Akkus der Liebe und des Mitgefühls erzeugen, die sich unendlich immer wieder selbst erneuern.

Aber eine große Frage bleibt ... Es ist eine Frage, die sich dir stellen muss wie allen, die in dieser Unterweisung nicht nur an der Oberfläche bleiben wollen.

Was wir dir mitteilen, ist zwar trocken, aber es muss auch in eurem täglichen Leben eine Funktion und einen Nutzen haben können. Vom Spiel der tausend Göttlichkeiten in der Natur, von den Meistern und der solaren göttlichen Wirklichkeit zu reden, nützt nicht viel, wenn es nichts mit der alltäglichen menschlichen Wirklichkeit auf der Erde zu tun hat.

Die Zukunft der Menschheit

Die Frage lautet also: Was geschieht mit der übrigen Menschheit? Was wird aus ihr, während die geheimnisvollen großen Verwirklichten ihr Werk tun, sich weiterentwickeln und verschmelzen und ein Sonnen-Christus sich in eine andere Dimension des Universums begibt? Wird sie in endlosen Schlaf verfallen? Wird sie sozusagen der stagnierende, hoffnungslose Überrest einer Schöpfungswelle sein?

Beginnen wir am Beginn ... Woher kommen die Meister, die die Menschheit mehr oder weniger unauffällig anleiten und führen? Aus euch selbst oder genauer aus dem Herzen des großen Körpers, den diese Menschheit bildet. Sie sind Menschen wie ihr, keine "Auserwählten", die von irgendeiner rätselhaften göttlichen Autorität ernannt wurden. Sie sind die am höchsten "verfeinerten" (also bewusstesten) Zellen eurer globalen Gemeinschaft. Sie sind nur durch sich selbst zu Größe gelangt, weil sie jeden Teil ihres Wesens mit immer mehr Frieden, Liebe und Licht erfüllen wollten.

Durch die *Vergöttlichung* jeder ihrer Zellen sind sie zur Meisterschaft gelangt. Einige von ihnen stammen von anderen Planeten als der Erde, aber das ändert nichts. Auch ihr Weg war identisch mit eurem.

Euch diese Informationen bewusst zu machen, sollte euch unbedingt zur Eigenverantwortung zurückführen. *Das Licht der Verwirklichung wird niemandem jemals von irgendeiner himmlischen Macht geschenkt.* Es ist einfach ein Leitbild, eine Quelle der Inspiration und des Aufwärtsstrebens. Es ist auch eine Hand, die sich denen entgegenstreckt, die sich bemühen, ihre auszustrecken. Niemals eine Hand, die etwas erzwingt ... denn die göttliche Präsenz offenbart sich nur dort, wohin Sie eingeladen wurde.

Keine Manifestation des Lebens gebiert Liebe per Kaiserschnitt!

Es geschieht harmonisch, wenn Körper und Seele ihre Ängste überwunden haben und entspannt sind ... und die Zeit dafür gekommen ist.

Dies, damit ihr versteht, dass jede Ausdrucksform des Lebens - folglich jede Frau und jeder Mann - zur Meisterschaft eingeladen ist.

Euch stehen alle Stufen des solaren Aufstiegs offen, weil sie wesensmäßig logisch und natürlich sind.

Ein verwirklichtes Wesen zu werden, muss nicht bedeuten, sich einen großen Namen in der Geschichte zu machen und in einem Rat der Weisen zu sitzen - weit gefehlt. Es werden sich auch nicht die Tore zum mythischen Königreich Shambhala öffnen. Es gibt unzählige andere Destinationen in dieser oder in einer anderen Welt.

Wir sprechen immer vom Buddha in Gestalt des Gautama und vom historischen Christus, der die Identität Jesu annahm ... aber wir dürfen nicht vergessen, dass auch zahlreiche andere Wesen den Buddha- oder Christuszustand erreicht haben, ohne sich ins kollektive Gedächtnis einzuschreiben. Diese Wesen hatten und haben ihre eigenen Begegnungen der Verschmelzung. Sie sind Sonnen "irgendwo" im Universum, deren Aufgabe die Entwicklung einer Welt in der Vielzahl existierender Dimensionen ist.

Im Sonnenzustand zu sein, muss nicht heißen, sich in den Weiten des Kosmos in einen "Feuerball" zu verwandeln.

Es bedeutet, eine beständige Quelle der Fortführung und Verwandlung des Lebens zu sein, ein sprudelnder Quell von Liebe.

Außerdem haben Sonnen die natürliche, spontane Aufgabe, das Leben ständig durch Weiterentwicklungsvorschläge neu zu erfinden. Sie tragen die Maske Gottes in einem "Anderswo", das jenseits eurer Vorstellungskraft liegt.

Jede von einer Sonne erzeugte und bewahrte Welt erfährt eine Farbe des göttlichen Regenbogens, singt eine Note in ihrer großen Partition und schwingt mit ihren Obertönen.

Vom Schlafwandeln zur Autonomie

Dies ist das Schicksal, das euch - *uns* - alle erwartet! Es hat nicht das Geringste mit einem hübschen Garten voller Engelchen zu tun, die auf Schaukeln sitzend selig Lobpreisungen auf einen Herrn singen, der auf ewig unerreichbar ist! Dann ist es also ein Schicksal, das man sich erarbeitet, sagt ihr, weil es ständige Verwandlung ist? Auch das nicht!

Das Prinzip der Verwandlung, die immer neue Verwandlungen nach sich zieht, lässt den Arbeitsbegriff sehr schnell hinter sich. Natürlich ist das Arbeitskonzept für euer heutiges menschliches Stadium charakteristisch. Das Hinwirken auf "etwas" Schöneres ersetzt es ganz schnell, wenn der Schleier der Schwerkraft zerreißt und ein anderes Bewusstseinsstadium zutage tritt.

Womöglich ist es gar nicht so weit von euch entfernt, sage ich euch! Ihr habt die Freiheit und die Wahl. Es gibt kein Wesen, dem im Leben nicht mindestens einmal angeboten wird, einen echten Schritt nach vorn zu gehen.

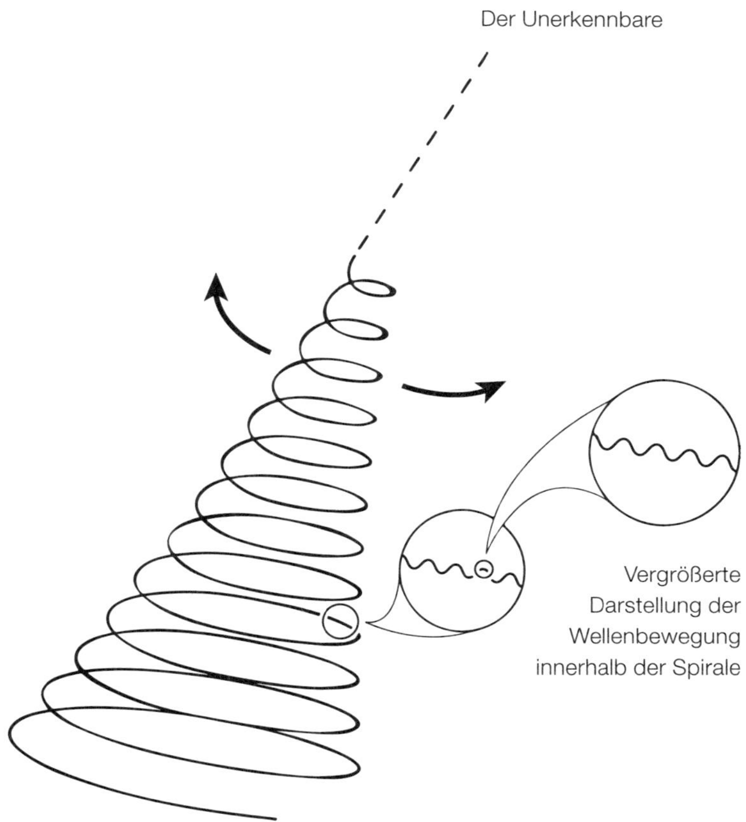

Evolutionsspirale innerhalb der Bewegung der großen kosmischen Waage. Dieses Schema ist auf alle Schöpfungsstufen anwendbar.

Die indischen Traditionen erzählen, dass Krishna Kuhhirte war ... Zum selben Bild haben auch jene gegriffen, die Meister Jesus als guten Hirten zeichneten, der seine Schafe hütet.

Was nicht gesagt wird, ist, dass Kühe und Schafe die Möglichkeit haben, sich von ihrer Herde zu entfernen, also nicht dem langwierigen Weg zu folgen, der Gemeinschaften eigen ist. *Das Verlangen nach Liebe ist so wenig ohne Wille, Mut und Entschlossenheit!* Versammelt jetzt diese vier Kräfte, und ihr verlasst sofort euren Zustand des Schlafwandelns ...

Vom erwachten Schläfer werdet ihr zum Schüler, als Schüler erhaltet ihr Zugang zum Bewusstsein des Initiierten ... Der Initiierte in euch wird wiederum zum Adepten, der Adept zum Meister, der Meister entdeckt die Geschlechtslosigkeit wieder und steigt auf[4] ... der Aufgestiegene wird zur Sonne ... und erzeugt bis in alle Unendlichkeit Galaxie für Galaxie, Dimension für Dimension, Schöpfungswelle für Schöpfungswelle.

Siehst du, es ist eine aufsteigende Spirale ... Alles, was *Ist*, folgt ihrer Richtung und hat teil an ihrer Dynamik. Es ist eine Bewegung, die auch wellenförmig ist, also Phasen des Enger- und Weiterwerdens durchläuft, wie die Ein- und Ausatmung, die Nächte und Tage der Seele. Das Hin und Her eines Uhrpendels spiegelt nur einen der Aspekte der universellen Ordnung wider.

4) Diese Klassifizierung wird wahrscheinlich nicht von allen Denkschulen geteilt. Sie wird hier so wiedergegeben, wie sie übermittelt wurde, jenseits philosophischer Zugehörigkeiten.

Die Relativität der Meisterschaft

Ist also jeder dazu bestimmt, eines Tages Meister zu werden und irgendwann ein funkelnder Stern irgendwo in der Unendlichkeit? Nochmals ja und nein.

Wörter sind subtil, oft betreffen sie bewegliche Konzepte und ganz und gar relative Zustände. Auf eine gewisse Weise und im Hinblick auf vielzählige Existenzformen seid ihr schon jetzt Meister. In unzähligen Mikrokosmen bestimmt ihr über Leben und Tod. Auf eine andere Weise seid ihr - sind wir - kaum mehr als eine Handvoll Milben, verloren in den immensen Weiten der Galaxien ...

Und nun? Der *wahre* Meister in euch, ob ihr es akzeptiert oder nicht, wird immer die namenlose Macht sein, die euch über euren bewussten Willen hinaustreibt, um das *Immer-mehr-und-immer-besser* zu erfahren.

Vom Ich zum Wir

In Wirklichkeit müsst ihr Stück für Stück lernen zu überdenken, was Identität bedeutet. Wer in eurem Inneren sagt: "Ich"? Die vergängliche Persönlichkeit, die mit einer Armee aus Neuronen auf sich aufmerksam macht, oder ein ungreifbares Prinzip, das über eurem Herzen wohnt? *Das "Ich" desjenigen, der sich bewusst hin zum Zustand der Meisterschaft entwickelt, geht dem "Wir" der Verwirklichung voraus.* Versucht, euch ganz davon durchdringen zu lassen.

Es ist das "Ich" des freiwillig Inkarnierten. Es spielt die ihm zugewiesene Rolle ... aber lässt sich nicht mehr so unbedingt von der Illusion der Trennung täuschen.

Das "Ich" aus dem Munde des Meisters wiederum ist ein "Ich" aus reiner Konvention. Er identifiziert sich mit dem göttlichen "Wir".

Denn das Göttliche kann sich in Wahrheit nicht anders als in der ersten Person Plural Seiner selbst bewusst sein. Es resultiert aus einer bestimmten Zahl expandierter Bewusstseine. Vor allem aber ist es ein "Wir", das sich permanent immer weiter ausdehnt ...

Somit hebt die Verschmelzung der Seelen und dann der Geiste auch hier den scheinbaren Gegensatz von Singular und Plural auf. Das göttliche solare "Ich" ist ein "Wir" des allumfassenden Mitgefühls und Wissens.

Gibt es eine bestimmte Zeit für die Verschmelzung? Meine Antwort wird immer sein: ja und nein! Ja, weil die Schöpfungswellen wie ein Herzschlag den Entwicklungsrhythmus der Universen vorgeben. Nein, weil im Athanor einer Schöpfungswelle jedes "Persönlichkeits-Ich" die Möglichkeit hat, sich frei hin zu einem "Ich"[5] und dann zu einem "Wir" zu entwickeln, das dem solaren Zustand vorausgeht. Hier erhält der Pluralis Majestatis endlich seine volle Bedeutung!

5) Einem "Selbst"

Die Tore der Entwicklung

Man muss ganz einfach wissen, dass es, um in eurem zeitlichen Kontext zu bleiben, sehr kurze Zeiträume gibt, in denen Bewusstseine (ungeachtet ihrer Entwicklungsstufe) wahre Quantensprünge vollführen können. Damit meine ich den plötzlichen Sprung von einer Sprosse der kosmischen Leiter auf die darüberliegende Sprosse. Es existieren Tore zwischen den Welten und somit zwischen den unterschiedlichen Bewusstseinsstufen.

Diese Tore öffnen sich vor allem dann, wenn das Große Pendel des Lebens kurz vor einem Richtungswechsel steht, also zwischen einem göttlichen Einatmen und Ausatmen, oder mit anderen Worten, wenn sich die Bewegung des Lebendigen an ihrem oberen oder unteren Verlaufspunkt befindet. Gegenwärtig erlebt unser galaktisches System die "letzten Sekunden" eines unteren Verlaufspunktes ...

Ihr, die Menschen der Erde, genauso wie wir, die Diener der Engel des Herrn, werden also die seltene Gelegenheit erhalten, eine wichtige innere Schwelle zu überschreiten, wenn wir entschlossen in unserem Streben und Handeln sind.

Ein solcher Schritt kann und muss idealerweise zugleich individuell und kollektiv geschehen. Der globale Körper, den ihr als Menschheit bildet, muss sich daher (auf die eine oder andere Weise) von seinen Unreinheiten befreien. Es ist ein natürlicher Vorgang, zu dem er dringend aufgefordert ist.

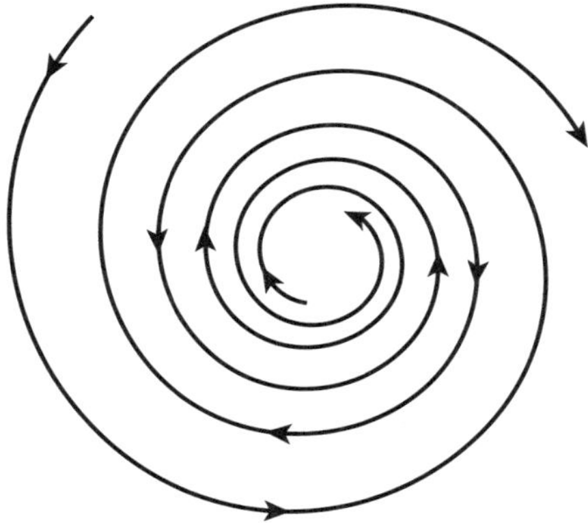

Zwei ineinander verschachtelte, gegenläufige Spiralen, die das göttliche Einatmen und Ausatmen darstellen

Die Auflösung des Karmas

Deshalb ist die Zeit, in der ihr lebt, eine Gelegenheit zur Auflösung karmischer Knoten. Alle Streitigkeiten der Vergangenheit kehren mit unerbittlicher Macht zurück und wollen geregelt werden, eine unerlässliche Bedingung, um zu "etwas anderem" weiterzugehen.

Wisst, dass es sich dabei keinesfalls um irgendeine göttliche Erpressung handelt. Keine Autorität außerhalb von uns sagt jemals zu uns: "Begleiche deine Zahlungsrückstände und behebe deine Probleme, *ansonsten* kommst du nicht weiter." Unsere inneren, essentiellen Abläufe sind immer Herr der Lage. Anders ausgedrückt kann das Zuviel an "menschlichem Blei" in uns natürlich unseren Aufstieg in einen höheren Zustand verlangsamen.

Und da wir gerade dabei sind, über die Erleichterung von karmischem Gepäck zu sprechen, wisst, dass die jetzige Zeit auch besonders günstig für die Manifestation von unmittelbarem Karma ist. Daher hat das, was ihr heute sät, alle Chancen, sehr schnell zu euch zurückzukommen! Nichts sammelt sich mehr an ... Alles detoniert fast sofort ... Warum? Weil die Bewegung des Pendels niemals schneller ist als dann, wenn es seinen unteren Verlaufspunkt erreicht hat. Auch in diesem Sinne, wisst ihr, leben wir in einer gesegneten Zeit.

In diesem Zusammenhang sagt uns das große Gesetz der Analogie, dass alles, was auf der Ebene des individuellen Wesens wahr ist, sich auch auf der kollektiven Ebene bewahrheitet. Ihr werdet also immer mehr abrupte Auflösungen von karmischem Ballast erleben.

Dahinter verbirgt sich keinerlei "Zorn Gottes", wie gewisse Dogmen euch glauben machen wollen, die mit Schuldgefühlen arbeiten.

Die einzige Form von Bestrafung, die ein Wesen erleben kann, ist die Selbstbestrafung. In Freud und Leid.

Aber warum, werdet ihr mich fragen, steht dann der Aspekt des Leids heute so stark im Vordergrund, wenn es gar keine Bestrafung gibt, die von einer höheren Autorität "ausgeteilt" wird? Weil das große Pendel der kosmischen Rhythmen sich, wie ich bereits sagte, noch im Abwärtsverlauf befindet. Sobald es beginnt, wieder anzusteigen (auf der Ebene einer Schöpfungswelle also in wenigen Nanosekunden), wird der gegenteilige Effekt eintreten. Dann wird sich konstruktives, zusammenführendes Karma überraschend machtvoll und extrem schnell manifestieren ... wie eine energische, tiefe Inspiration, die uns nach einer lähmenden Zeit wieder zum Leben erweckt.

Selbst die größten verwirklichten Meister, die inkarnierten Sonnen, folgen diesem rhythmischen Gesetz. Nicht, weil es ein Gesetz ist ... sondern weil es aus namenloser Weisheit resultiert, deren Ursprung über jedes Verständnis hinausgeht.

Weisheit und der Raum der Rebellion

Eines müsst ihr verstehen: Die Zyklen des Lebendigen und die daraus resultierenden Entwicklungsformen haben nichts mit willkürlich erlassenen Regeln eines hypothetischen Großen Unsichtbaren zu tun. In der Schöpfung der Schöpfungen ist Willkür Unsinn. Alles wird in und mit derselben Richtigkeit geregelt, von der winzigsten Lebensform bis zum galaktischen Universum.

Selbst der Raum der Rebellion, der vom Göttlichen in dieser Ordnung der Dinge hinterlassen wurde, gehört zur Triebkraft des Lebens, er nährt ihre Perfektionierung und spornt sie immer weiter an ...

Lasst euch hier nicht täuschen; das Prinzip des Aufstands ist die direkte Anwendung des Gesetzes der Freiheit. Es veranschaulicht es in hervorragender Weise fast bis ins Absurde.

Wenn eine Sonne einer "Anti-Sonne" nicht gestattet, sich zu manifestieren, ist sie nicht ganz und gar Sonne.

Sie befiehlt, aber regiert nicht und erfüllt damit nicht ihre Führungsfunktion. Deshalb erzeugt jede Lebens- oder Autoritätsform, die eine Expansion in ihrem Elan zügelt (und jede Rebellion enthält einen Wachstumskeim), einen Schatten, mit dem sie sich selbst erstickt.

Es verhält sich so: Jede Form, die das Göttliche in seinem Streben nach Ausdruck annimmt, weiß sehr gut, dass sie darauf hinarbeitet, etwas auszusäen, das vollkommener ist als sie selbst. Jeder Meister weiß, dass er in Anbetracht der unendlichen Spirale ein Schüler bleibt, und jede Sonne versteht, dass sie einem noch erhabeneren solaren Zustand zustrebt ...

Der galaktische Gott

Versteht ihr jetzt, warum unser Bruder Christus – die Sonne, die den Körper des Meisters Jesus besetzte – sich an eine unermessliche Macht wandte, die Er Vater nannte?

Versteht ihr auch, warum das Prinzip der Vollkommenheit, das Er verkörperte, auf eine noch absolutere Vollkommenheit verwies? Er wurde von einer Sonne genährt und unterstützt, die verwirklichter war als die, die Er selbst manifestierte.

Was uns betrifft, so nennen wir diese Sonne den *galaktischen Logos*. Astronomisch betrachtet handelt es sich um die Zentralsonne eines Armes unserer Galaxie, einen großen Lenker unzähliger Planetensysteme. Die Präsenz dieser in der aktuellen Wirklichkeit eurer Menschheit unvorstellbaren Macht befand sich aber dennoch nicht außerhalb des Meisters Jesus.

Die Doppelbesetzung

Als Avatar mit einem Auftrag kosmischen Ausmaßes wurde er gleichzeitig durch "unseren" galaktischen Logos und durch das solare Bewusstsein unseres Planetensystems besetzt. Es handelte sich also um eine Doppelbesetzung ...

Mit anderen Worten können wir festhalten, dass Jesus, Meister der Weisheit und Avatar, einige Jahre seines irdischen Lebens von einer doppelten göttlichen Präsenz bewohnt wurde, nämlich vom Sohn (dem Christus und Logos unseres Sonnensystems) und vom Vater (der Zentralsonne und dem galaktischen Logos unseres "lokalen" Universums).

Ist es jetzt nicht ganz einfach zu verstehen, warum er sagte: "Ich und der Vater sind eins"?

Nun ist aber das Phänomen der Besetzung nicht mit der kosmischen Hochzeit oder der Bewusstseinsverschmelzung vergleichbar, wie wir sie dir beschrieben haben. Bei einer Besetzung handelt es sich um die *Überdeckung* eines Bewusstseins durch das Strahlen eines anderen verwirklichteren Bewusstseins oder auch, wenn man so will, um eine Art momentane Vermählung von zwei oder mehr lichtvollen Wirklichkeiten. Es ist ein heiliges Phänomen von kurzer Dauer, das es einem schon hochverwirklichten Wesen erlaubt, in den Tiefen seiner Welt noch intensiver zu strahlen und zu wirken.

Das Prinzip der Emanation

Durch eine Besetzung können ein Mann oder ein Frau im Stadium eines Aufgestiegenen Licht in jenen säen, denen sie ihre Hilfe anbieten. Eine ähnliche Aussaat findet bis hinunter auf die Zellebene und sogar die atomare Ebene statt. Es ist also ein punktuelles Ereignis. Dass es nur vorübergehend ist, erklärt sich dadurch, dass der Körper Dessen, der diese Macht empfängt, einer Energie ausgesetzt wird, die so gewaltig und der Welt, in der er lebt, so fremd ist, dass sie ihn langfristig schädigen würde.

Auch müsst ihr wissen: *Um ein Wesen zu besetzen, ist keinesfalls das gesamte solare Bewusstsein notwendig, sondern nur eine Emanation davon.* Ansonsten würde der physische Körper des "Empfangenden" unter der übermächtigen Welle des "Gebenden" zerbersten.

Man muss nachvollziehen können, dass die unsägliche Macht der Liebe und des Verstehens, die wir gewohnheitsmäßig Gott nennen, vielzählige Wirklichkeitsebenen umfasst, die uns zugänglich sein können oder nicht, je nach unseren Abstraktionsfähigkeiten und auch nach unserer mehr oder weniger großen Fähigkeit, das Schwindelgefühl angesichts des Unendlichen zu meistern.

Im Lichte dessen, was ich dir gerade mitgeteilt habe, lässt sich also sagen:

Göttliche Präsenz ist das Ergebnis einer bestimmten Zahl kosmischer Vermählungen und dann einer oder mehrerer aufeinanderfolgender oder gleichzeitiger Besetzungen.

Analog dazu, dass wir als Wesen aus einem dichten Körper, Seele und Geist bestehen, entsteht die Manifestation des Göttlichen aus der Begegnung und dann der "Verschachtelung" mehrerer Vollkommenheitsebenen des Bewusstseins des Lebendigen.

Der vorige Christus

Im Fall des Meisters Jesus und seiner Aufgabe kann ich euch mitteilen, dass sich in eurem gegenwärtigen Lebenszyklus[6] und Sonnensystem "euer" galaktischer Logos erstmals direkt durch die Besetzung eines inkarnierten Wesens zum Ausdruck bringen konnte. Die Evolutionsspirale und die Bewegung des Großen Pendels machten das unumgänglich und dringend notwendig.

Im Lebenszyklus davor hatte sich allein der solare Logos, also der für ein Planetensystem wie eures verantwortliche Christus, als höheres göttliches Prinzip manifestieren können. Der Aufgestiegene Meister, der durch ihn besetzt wurde, war seinerseits bereits von einer Emanation des planetaren Logos, nämlich der inneren Sonne des Planeten, bewohnt und geheiligt.

Wir wissen, dass euch dieser Vorgang erst einmal kompliziert erscheinen muss ... Aber wie bei allem, das vom Geiste stammt, übt euch in Geduld und lasst euch davon durchdringen ... Versucht nicht, euch unbedingt alles zu merken oder alles einzuordnen ... Lasst diese Ideen ruhig und still in euch keimen.

Was ich euch in dieser Unterweisung mitteile, soll zuerst einmal eure inneren Grenzen hinwegfegen und dann so viel Raum wie möglich in eurem Herzen und hinter euren Lidern schaffen.

---

6) Nicht zu verwechseln sind Lebenszyklus und Schöpfungswelle. Eine Schöpfungswelle enthält zahlreiche Lebenszyklen, die wie die Bewegungen eines Pendels aufeinanderfolgen.

Die Identität des Vaters

Wer ist nun die Zentralsonne unserer Galaxie[7], der Ewige Vater, dessen Emanation das Bewusstsein des Christus erreichte, der sich durch die Persönlichkeit des Meisters Jesus manifestierte?

Auch hier muss man sich wieder fragen, ob die Frage *Wer* überhaupt angemessen ist. Denn auf der Erde setzt dieses *Wer* immer den reduktiven Singular voraus, den eines Wesens, das sich mit einem strikt individuellen "Ich" bezeichnet. Hier sprechen wir aber von etwas anderem ... Seid euch gewiss, dass sich der Ursprung und die Identität von Vater, Logos und Sonne der Galaxie analog zum Ursprung und zur Identität der Sonne eines Planetensystems gebildet haben.

Die Hauptsonne einer Galaxie (ihr Gott) entsteht aus der Verschmelzung aller Sonnen (aller Christus), die in der vorigen Schöpfungswelle für Planetensysteme verantwortlich waren.

Paradoxerweise ist ein Vater somit das unweigerliche Ergebnis der Liebe, des Wissens und der Vision zahlreicher Söhne, die selbst wiederum die vervollkommnetsten Kinder einer Vielzahl von sich ständig weiterentwickelnden Menschheiten und Lebensformen sind.

Ist Vaterschaft nicht die logische Folge von Wachstum? Wenn deshalb einige sagen, dass es keinen Schöpfer ohne

7) Darunter ist hier einer der "Arme" unserer Galaxie zu verstehen.

seine Schöpfung geben kann und dass eine Göttlichkeit das zum Sein braucht, was Sie erzeugt hat, dann gehen sie in ihren Überlegungen noch nicht weit genug.

Noch immer analog gesprochen kann ich euch sagen, dass die Diener der Engel des Herrn in einem gegebenen (planetaren, solaren, galaktischen oder kosmischen) System Gott als höchsten, krönenden Abschlussstein einer Pyramide verstehen, das heißt als Konsequenz ihrer aufwärts strebenden Basis.

Jene, die wissen, dass der Abschlussstein der Großen Pyramide in Ägypten aus einem herrlichen Bergkristall gefertigt war, wird das nicht wundern. Sie werden das Symbol nun sogar in allen seinen Aspekten verstehen ...

Wenn ihr es, prosaisch ausgedrückt, schaffen könntet zu erkennen, woraus Gott auf der Ebene einer Galaxie wie unserer "gemacht" ist, könntet ihr beginnen, das Warum einer Affirmation zu verstehen, die sich in fast allen euren großen Traditionen findet: "Gott ist in uns, und wir sind in Gott."

Ja ... Die göttliche Präsenz ist untrennbar mit der kleinsten Existenzform einer Schöpfung verbunden, während dieselbe Präsenz des Göttlichen im "Gegenzug" die winzigste Lebensform dieser Schöpfung atmet und zum Ausdruck bringt. Eines wächst durch das andere und umgekehrt. Alles ist im Teil, und der Teil wohnt in Allem ...

Findet ihr nicht, dass diese Wahrheit recht gut vom Hologramm veranschaulicht wird?

Das heilige Hologramm

Das Bewusstsein des Lebens (sein *Relief*) entspringt Interferenzspielen, die aus der Vermählung zweier Strahlenbündel entstehen. Das erste Bündel geht in direkter Linie aus der erzeugenden Macht (Gott) hervor, während das zweite durch die vom ersten "anvisierte" Schöpfung widergespiegelt wird.

Analog zum Hologramm besteht Gott gewissermaßen aus unendlich vielen Bildern (oder Präsenzen), die alle Sein Ebenbild sind. Eines existiert nicht ohne das andere, eines erfordert das andere und bezieht es in alles mit ein.

In der materiellen Wirklichkeit wisst ihr bereits - aber ich erinnere euch nochmals daran: Ein Hologramm ist ein Bild, in dem jeder Punkt, aus dem es besteht, nahezu alle Daten des dargestellten Objektes enthält. Warum das also nicht auch im Göttlichen erkennen? Die Analogie ist vollständig. Nur das "nahezu alle", das ich gerade verwendet habe, schmälert den Vergleich etwas ... Denn "nahezu" bedeutet "fast" und nicht "absolut". Warum nur fast? Um genau den Raum der Freiheit zu schaffen, der unabdingbar für Entwicklung, also für schöpferische Fantasie und Expansion, ist.

Die Evolutionsspirale dreht sich nicht um sich selbst, wie um ständig das Schema eines Teufelskreises zu wiederholen. Sie vollführt eine aufsteigende Bahn. Hier ist es wichtig zu verstehen, dass "analog" nicht "ähnlich" bedeutet, sondern "nach demselben Prinzip und fast parallel" ... und dabei den Antrieb zur Differenzierung und somit zur Erfindung bewahrt.

Seht ihr, genau wie eine einzige Zelle eures physischen Körpers die Gesamtheit seiner genetischen Informationen enthält, beinhalten eure Seele und vor allem der ihr zugrunde liegende geschlechtslose Geist das vollständige Prinzip der göttlichen Präsenz.

Anders ausgedrückt bedeutet das: In euch, im Verborgenen eures höheren Bewusstseins, versucht sich der *"subtile genetische Code"* Gottes auszudrücken, der Sonne eines Planetensystems, einer Galaxie ... und noch viel mehr.

Folglich sind Vater und Sohn, der Eine im Anderen und der Andere im Einen, in euch präsent und aktiv ... Ihre Macht und Verwirklichung bilden eure "fundamentale Datenbank", die euch von einem Leben zum anderen folgt, durch die Unermesslichkeit der Welten und Räume und weit über das hinaus, was ihr Zeit nennt.

Die Ur-Klonierung

Mit einer Prise von so etwas wie Humor ... die allerdings eine wesentlich größere Wahrheit enthält, als ihr glaubt, sage ich euch, dass wir alle unzweifelhaft Klone Gottes sind. Unser Geist ist auf eine kaum zu veranschaulichende Weise das Resultat einer Klonierung, die aus Seinem Bewusstseinsfeld heraus stattgefunden hat, sich weiter fortsetzt und Ihm durch unseren freien Willen weiter Nahrung gibt.

Wenn es euch heute nicht mehr wundert, dass das genetische Gedächtnis eurer Eltern in euch weiterlebt und durch euch agiert, während ihr gleichzeitig eigene Handlungsfreiheit habt, warum sollte es euch dann wundern, wenn ihr realisiert, dass die Kette der Verwirklichungsstufen des Göttlichen in eurem Sein verankert und *der* Lebensatem ist?

Wenn man sich einer gewissen Logik bedient, muss man sie auch zu Ende führen können! Akzeptiert, den Reflex der Trennung aufzugeben, nicht mehr dagegenzuhalten, sondern zu deklinieren, zu konjugieren, zu addieren, zu multiplizieren ... und alles wird sich in einem großartigen, bewegenden Schwung ganz einfach von selbst klären.

Der Göttlichkeits-Code

Die Liebe wiederum klont sich nicht selbst und wird dies auch niemals tun! Ihr Prinzip aber ist allgegenwärtig, aktiv und die beständige Quelle von allem. Selbst die für uns monströseste Lebensform manifestiert Liebe in ihrem subtilen, heiligen, fundamentalen genetischen Code. Wollen wir es wagen, ihn "Göttlichkeits-Code" zu nennen? Es wäre angebracht ... denn wenn neue Konzepte entstehen, muss euer kollektives Bewusstsein neue Wörter erfinden.

Ja, die Liebe ist zweifellos der Motor und der Brennstoff von allem, was Ist. Sie nährt sich von sich selbst; sie ist das Mehr und das Weniger, bis in den Schatten und ins Licht.

Auf der Evolutionsleiter ändern sich nur Menge und Qualität des "Brennstoffs", je nachdem, welche Stufe, welches Stadium der Blüte, das Bewusstsein erreicht hat.

Die Welle der Liebe entspringt zuerst spontan einem Selbst mit unvollständigem Bewusstsein, landet dann in einem anmaßenden, inkarnierten Ich, strömt weiter zum bewussten Ich ... und fließt dann nochmals, aber bewusster, weiter zum hyperbewussten Selbst.

Die Geschichte des Lebens, des Göttlichen, ist einfach eine Geschichte von Abstieg, Landung und Abflug ... bis man das Fliegen in der Höhe meistert, wo man glückselig ohne einen Flügelschlag mit den Auf- und Abwinden spielt.

Genau das wiederholt in euch beredt schweigend immer wieder der Keim des Vaters, der Hauptsonne oder auch des Logos der Galaxie. Dieser Keim, das könnt ihr uns glauben, wurde euch nicht in den Kopf, sondern ins Herz gepflanzt, wo die Wege sich kreuzen, am Baumstamm auf halbem Weg zwischen Wurzeln und Ästen ...

Eigentlich braucht man dann ja nur noch zu wissen, wo die Äste und die Wurzeln sind, das Oben und Unten ...

Aber diese Fragestellung ist in Wahrheit grundfalsch! Wisst, dass jeder Ast zugleich Wurzel ist und umgekehrt. Erde und Himmel nähren sich gegenseitig, da Gott und die Schöpfung füreinander sorgen und so auf ewig weiter wachsen.

Deshalb sagt euch die Sonne als Vater: "Achtet die Dichte der euch aufnehmenden Materie. Eure Wurzeln sind Meine abwärts führenden Äste ... Seht die Klarheit Dessen, das euch ruft, denn die Äste eures Bewusstseins kommen zu Meinen Wurzeln."

Das Wasser der Erfahrung, das die Wurzeln des Lebendigen trinken, antwortet auf das Feuer der Liebe, das den Ästen Dessen entströmt, das Ist. So ist also die unendliche Weisheit des Göttlichen *Das*, was aus ihrer Begegnung und Verschmelzung erwächst.

Gott als Vater, der zugleich Erzeuger und Konsequenz der Galaxie ist, entspricht im Wesentlichen dem, was einige von euch, die aufgeschlossen gegenüber den östlichen Philosophien sind, den Adhibuddha, Urbuddha oder Ersten Buddha nennen. Dieser ist aber noch nicht Ain Soph, der Unerkennbare der Kabbalisten, denn wir können ihn trotz allem umschreiben, auch wenn es schwierig ist.

In Ihm lösen sich die bereits erörterten Begriffe Nah und Fern genauso sicher auf wie Hoch und Tief.

Im vereinten Bewusstsein existiert keine Entfernung. Wie die Zeit ist auch sie ein Trugbild. Sie ist auch eine Konvention, die wir akzeptieren müssen, um in unserem gemeinsamen geistigen Raum verständlich kommunizieren zu können.

Seid euch gewiss, dass etwas, das fünf, zehn oder hundert Lichtjahre von euch entfernt ist, auch in der Stammzelle eures feinstofflichen Herzens präsent ist. Und wenn ich *präsent* sage, dann meine ich damit alles, was dieses Wort an Weite in sich trägt.

Präsent zu sein meint hier nicht nur die Verneinung räumlicher Entfernung, sondern die Bejahung des Wirkens eines unendlichen Bewusstseins und einer unendlichen Weisheit im absoluten, unmittelbaren Augenblick.

Der Schlüssel zu dem, was ihr *Wunder* nennt, liegt genau dort!

In Wahrheit und mit anderen Worten liegt der einzige wirkliche Unterschied zwischen euch und dem, was ihr fähig seid von Gott wahrzunehmen, in dem Nichtwissen, dass ihr göttlich und bereits Bestandteil des ewigen Körpers und ewigen Bewusstseins seid.

Das in der Stille des Herzens auszusprechen, ist nicht anmaßend, überheblich oder hochmütig, sondern zeugt von allergrößter Weitsicht!

Merkt euch auch dieses: Jede sich ihrer selbst bewusste Lebensform ist gefordert, den Weg des Gedächtnisses zu gehen, um ihre verschüttete Erinnerung wiederzufinden. *Und sie ist auch gefordert zu erkennen, dass nicht Gott das Ziel ist, denn wir sind ja bereits Eins mit Ihm, sondern, den Sinn des Weges zu verstehen* ... und um genauer zu sein, für diejenigen, die mich verstehen: den Sinn des *Weges der Spirale*.

Der Mutter-Vater-Gott

Versuchen wir nun, über die Gewohnheiten und Konventionen eurer Sprache hinauszugehen. Gewohnheiten und Konventionen spiegeln immer das Niveau der Wahrnehmung und Orientierung einer Kultur wider. Eure, da sollten wir kein Blatt vor den Mund nehmen, ist gerade dabei, hinter ihren Schutzmauern zu ersticken. Bringen wir sie also zum Explodieren, bevor sie auf dramatische Weise implodiert.

Was wir ins Wanken bringen müssen, ist die Vorstellung von Gott als Vater und Christus als Sohn. In ihrer Formulierung und Entwicklung sind sie ganz klar die Frucht einer patriarchalischen irdischen Gesellschaft entsprechend einem irdischen Zyklus derselben Polarität. Man kann dieses Spiel mitspielen ... was wir bis hierhin mit euch auch getan haben.

Allerdings ist es höchste Zeit zu verstehen, dass die göttliche Macht ungeachtet ihres Grads der solaren Verwirklichung weder männlich noch weiblich ist. Im Absoluten ist es implausibel und ein Zeichen von Unwissen, “Gott der Vater” oder “Gott die Mutter” zu sagen.

Da ein Aufgestiegener Meister wie bereits erwähnt[8] Zugang zur Geschlechtslosigkeit hat, wäre es absurd, wenn das solare Bewusstsein, das über ein Planetensystem regiert, oder Jenes Bewusstsein, das im Herzen einer Galaxie strahlt, irgendeiner Polarität angehören würde. Nur der menschliche Geist, der den verschiedenen Lebenszyklen unterworfen ist (oder freiwillig an ihnen teilnimmt), spricht vom Göttlichen in geschlechtlichen Begriffen.

Ist es so schwer zu verstehen, dass Gott nicht Jemand ist? Er ist du, ich, wir und ihr, alle zusammen! Er ist unsere Herkunft, Gegenwart, Summe, Vervielfachung, Erfüllung ... vollendet, aber immer im Werden!

Sich an die Göttliche Mutter zu wenden, ist also genauso eine Gotteslästerung wie zum Himmlischen Vater zu beten, als wären wir Kinder irgendeines “menschlichen Überwesens”, das in Begriffen irdischer Moral agiert und reagiert.

8) Siehe Seite 68.

Die Kloner des Herzbewusstseins

Ich habe den Göttlichkeits-Code erwähnt und von einer Art Klonierung unseres Geistes ausgehend vom göttlichen Bewusstsein gesprochen. Gehen wir einmal weiter in diese Richtung ... Lasst uns in unseren Überlegungen noch ein bisschen kühner werden.

Könnt ihr euch vorstellen, dass das menschliche Herz mit seinem Keim-Atom vergleichbar mit einer Stammzelle der göttlichen Wirklichkeit ist?

Unter dem Keim-Atom verstehen wir die Erinnerung an die Ursprünge, die jedes Wesen im Herzen trägt. Dann ist es einfacher zu verstehen, dass alle Aufgestiegenen Meister, Christus und Buddhas, wie "Kloner" daran arbeiten, die *genetische Göttlichkeit* des Wesens wiederherzustellen.

Deshalb sind jene, die das Licht in sich tragen und es verkörpern (mit welcher Tradition auch immer sie sich bisweilen verbinden) vor allem *Beschleuniger des Herzbewusstseins.* Sie dynamisieren seinen Schwingungsaspekt, öffnen alle seine verborgenen oder vergessenen Schubladen wie ineinander verschachtelte Matrjoschka-Puppen. Ihre Aufgabe ist es, das Wesen einem Fächer gleich zu entfalten.

Die Hauptsonne einer Galaxie ist ihr liebendes Herz, also ihr Bewusstsein ... Wir sind die diesem Bewusstsein entsprungene Idee, und die Meister sind der Wind, der diese Idee verbreitet, auf dass sie mit ihrem Farbenfächer selbst zur Schöpferin wird.

Wisst ihr, die Sonnenwinde sind nicht nur ein poetisches Bild oder ein astronomisches Phänomen. Vor allem vollführen sie eine Reihe von Kettenreaktionen, die alle Manifestationsstufen des Lebendigen stimulieren, von der ungreifbarsten bis zur dichtesten.

Sie sprechen von der Essenz des Mutter-Vaters ... Die jetzige menschliche Wirklichkeit der Erde sträubt sich gegen sie. Warum? Weil sie Angst hat, sich weiterzuentwickeln ... was bedeuten würde, es mit all den damit einhergehenden Explosionen zu tun zu bekommen. Explosionen sind immer schmerzhaft, wenn sie nicht gewünscht, gesucht, vorbereitet und vereinbart wurden, aber es wird dazu kommen, denn die Ankunft des himmlischen Atems ist unvermeidlich.

Der Schmerz aber wird sublimiert, wenn die Explosion erwünscht wird. Dann wird Zerrissenheit zu Ausdehnung, harmonischer Expansion und absoluter Metamorphose.

Unsere Unterweisung hat einzig zum Ziel, euch auf den Weg des Nicht-Verhärtens einzuladen. Sie bedeutet Öffnung.

Schluss mit der Lethargie

So wie wir es seit Abermillionen eurer Jahre tun, macht auch ihr euch einmal die Mühe, eure Welt zu betrachten und über ihren leidvollen Zustand nachzusinnen. Stellt euch die Frage nach dem Warum ...

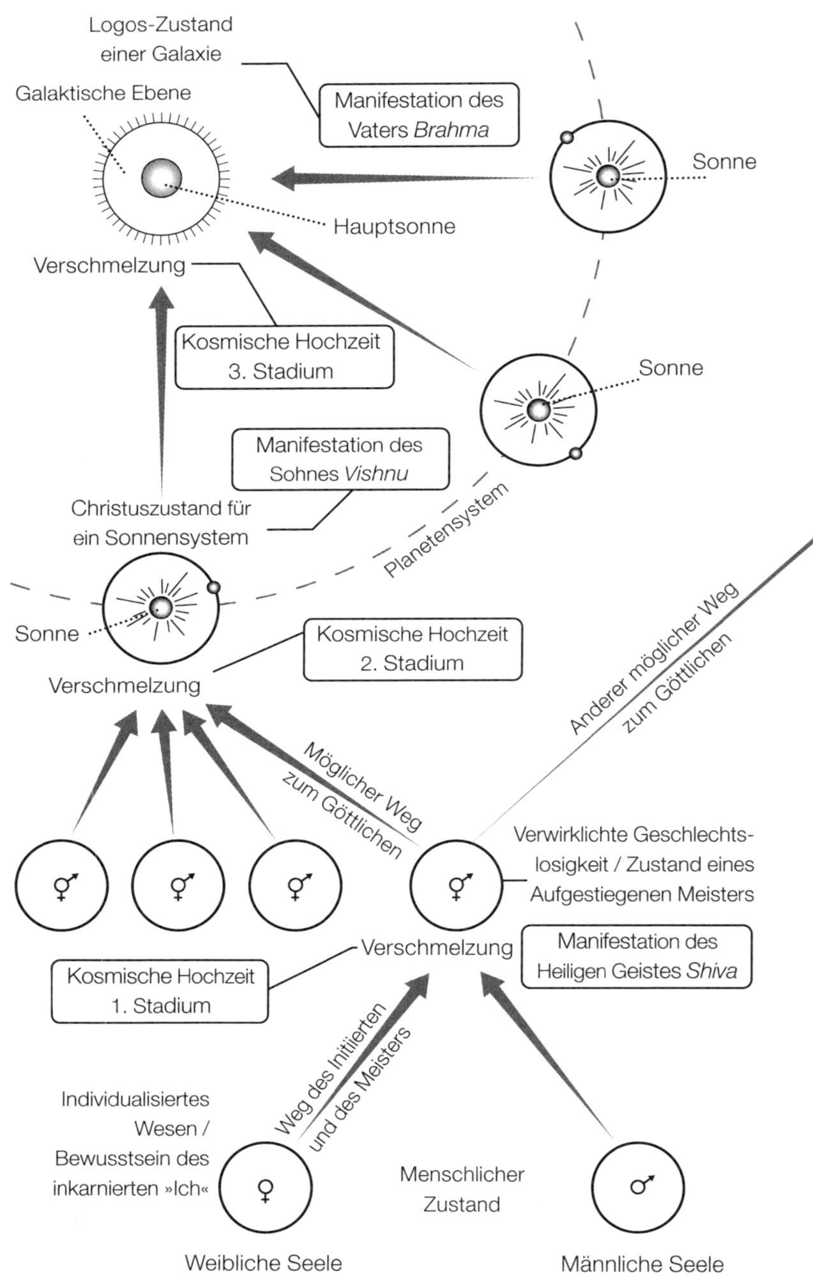

Logos-Zustand
einer Galaxie
Galaktische Ebene
Manifestation des
Vaters *Brahma*
Sonne
Hauptsonne
Verschmelzung
Kosmische Hochzeit
3. Stadium
Sonne
Manifestation des
Sohnes *Vishnu*
Christuszustand für
ein Sonnensystem
Planetensystem
Sonne
Kosmische Hochzeit
2. Stadium
Verschmelzung
Anderer möglicher Weg
zum Göttlichen
Möglicher Weg
zum Göttlichen
Verwirklichte Geschlechts-
losigkeit / Zustand eines
Aufgestiegenen Meisters
Verschmelzung
Manifestation des
Heiligen Geistes *Shiva*
Kosmische Hochzeit
1. Stadium
Weg des Initiierten
und des Meisters
Individualisiertes
Wesen /
Bewusstsein des
inkarnierten »Ich«
Menschlicher
Zustand
Weibliche Seele
Männliche Seele

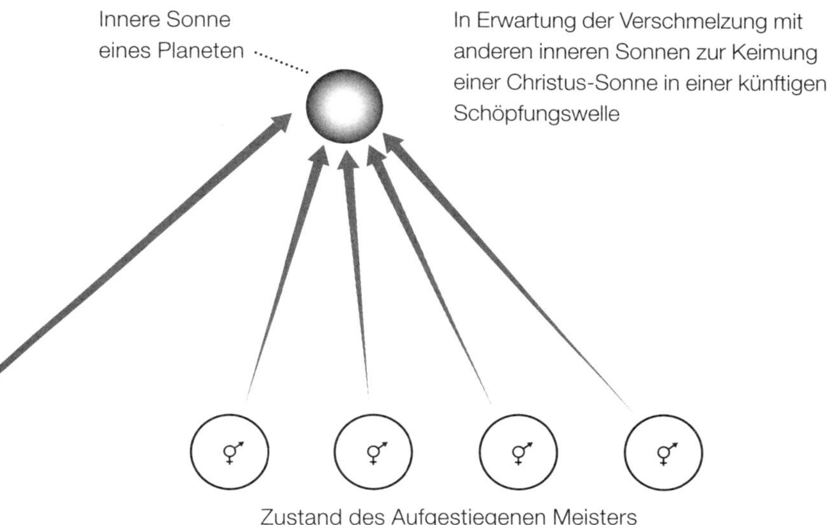

Mit einem Mindestmaß an Einsicht ergibt sich die Antwort von selbst. Denn die meisten menschlichen Wesen leben dort immer noch wie Pflanzen, ich möchte sagen im vegetativen Zustand, ohne sich zu fragen, wer sie sind, woher sie kommen oder wohin sie gehen. Ihr Bewusstsein dämmert vor sich hin, während es vorgibt, wach zu sein ...

Damit also die Lethargie abnimmt, seid auf eure Weise Verwahrer des Duftes dieses Sonnenwindes, der durch uns weht, die Diener der Engel des Herrn.

Wohlgemerkt: Weder der Christus eures Sonnensystems noch der Mutter-Vater des Herzens unserer Galaxie wollen aus euch mit dieser Unterweisung Philosophen oder Gelehrte in Metaphysik machen. Ihre Präsenz in euch erzählt nur von einer Erinnerung, die es gilt mit freiem Herzen und ohne Angst aufkommen und entspannt ziehen zu lassen. Sie erzählt nur vom Leben und nicht vom Überleben wie eine im Gewächshaus gefangene Pflanze, die künstlich Licht und Feuchtigkeit erhält ...

144000 Auserwählte?

Hört auch dieses: Die Hauptsonne unserer Galaxie verwirklicht sich und entfaltet sich in 144000 Strahlen ... Es sind 144000 unterschiedliche Schwingungsarten, die genauso viele Bewusstseinsstufen sind. Bewusstseinsstufe bedeutet hier die Vision, die Definition und das Verständnis des Universums, das Lesen von Formen, Farben und Gerüchen, das Bewusstsein über das Leben mit allen möglichen Denk- oder Nicht-Denkarten sowie tausend Dinge, die der irdischen Vorstellungskraft noch nicht zugänglich sind. Auch 144000 unterschiedliche Geistfamilien oder Sensitivitäten sind unter all dem zu verstehen.

Diese Gesamtheit - dieses Alles, von dem ihr ein Teil seid - bildet also die Natur dessen, das man auf der galaktischen Ebene Gott nennt, und bringt sie zum Ausdruck.

Seine Strahlen sind die symbolischen “Auserwählten” einiger eurer Traditionen ... Jeder von ihnen ist als solcher in euch präsent. Er ist dort als Keim angelegt, in der Stammzelle eures Herzens. Jeder von ihnen spricht, veranlasst euch zu handeln und die Facetten des Lebendigen zu erfahren, von

Leben zu Leben und von Welt zu Welt ... bis zur schon beschriebenen Vermählung oder Verschmelzung.

Wenn ihr in dieses Stadium des Verstehens eintretet, dann, glaubt mir, erlangt ihr voll und ganz den inneren Titel des "Menschen-Enkels". Warum "Enkel", werdet ihr mich fragen? Die Antwort liegt auf der Hand ...

Wird der Logos eures Planetensystems (Christus mit der Identität und dem Antlitz des Meisters Jesus) nicht traditionell Menschensohn genannt? Wenn man bedenkt, dass wir energetisch Seine Kinder sind und Er selbst sich auf einen himmlischen Vater berief, erklärt es sich von selbst ... Dann muss man nur noch zugestehen, dass der, den man hier Mensch nennt, nichts anderes ist als Gott in seiner Mutter-Vater-Dimension.

Das Göttliche so zu sehen bedeutet, sich schließlich bewusst zu machen, dass der höchste Gott, auf den wir fähig sind uns zu beziehen, in *Dem*, das uns versprochen ist, und in unserer vollkommensten Verwirklichung analog zu uns selbst ist.

Mit anderen Worten sind die Menschen, die wir alle sind - in einigen Fällen Humanoiden - noch nichts weiter als Entwürfe, Rohfassungen, Erstlinge des vollkommenen Menschen, der in uns wartet, zuerst individuell und dann kollektiv in einer Reihe von Verschmelzungen.

In seiner schönsten Verwirklichung wird der feinstoffliche menschliche Körper von zwölf Sonnen beseelt.[9] Da jede dieser Sonnen einer bestimmten Bewusstseinsstufe entspricht und jede dieser Stufen zwölf Sensitivitätsstadien

9) Zwölf Chakren, nicht nur sieben oder acht.

(unterschiedliche Wahrnehmungen des Lebens) aufweist, ist leicht nachvollziehbar, wie sich die heilige Zahl 144000 ergibt. Die Multiplikation mit 1000 wiederum steht für die Verstärkung, die sich aus dem Zugang zum göttlichen Bewusstseinsfeld ergibt.

Es gibt in der Tat eine himmlische Mathematik, seht ihr. Sie bestimmt alle Sprossen der Lebensleiter, und ihrer Harmonie entsprechend entfaltet sich die Dreiheit von Körper, Seele und Geist.

Die wahre Auferstehung

Ich sage euch: Jede Manifestation des Lebens, die dem höchsten göttlichen Bewusstsein entspringt und daher Teil der erschaffenden Schöpfungsidee ist, ist folglich potenziell eine "Auserwählte".

Um noch genauer und wahrhaftiger zu sein: Sie besitzt die Kraft, sich selbst auszuerwählen, indem sie in sich selbst die Keime der 144000 Grundschwingungen ihres Universums anregt und zum Gedeihen bringt. Das ist der wahre Sinn der Auferstehung.

Das historische Ereignis, das ihr mit dem Leben des Avatars Jesus verbindet, ist als irdische Umsetzung des großen universellen Archetyps der Wiedervereinigung des Seins mit sich selbst oder seiner Wiedergeburt zu verstehen.

Deshalb heißt es, dass jedes Geschöpf, welches auch immer, vergöttlichbar ist. Es trägt den Embryo des Mutter-

Vater-Gottes in sich, den Ursprung und das Ziel der Schöpfung, deren Bestandteil es ist.

Könnt ihr nun besser nachvollziehen, warum Alpha und Omega sich vereinen, um nur noch Eins zu sein?

Aus unserer Sicht ist der Begriff der Zwei Notwendigkeit und Unsinn zugleich. Notwendigkeit, weil das Prinzip der Differenzierung oder Trennung Wachstum ermöglicht; Unsinn, weil die Zwei in Wahrheit eine vergängliche Illusion ist, die vom Einen zu "liebevollen" Zwecken in seiner Expansionsdynamik projiziert wird.

Verwirklicht ist, wer sich als fähig erweist, inmitten dieses offensichtlichen Widerspruchs auf allen Ebenen seines Seins in Harmonie zu leben.

Der Schlaf der "Erwachten"

Auch hier reicht das rein intellektuelle Verständnis nicht aus. Meist gelingt es ihm, einen Begriff zu verstehen, ohne ihn zu integrieren ... aber hier geht es gar nicht um die Integration eines Begriffs. Wir sprechen von der Vereinigung des Bewusstseins mit allen Aspekten seines Ausdrucks durch die Kette der Seinsstufen.

Ein Weiser, der sagt: "Es gilt, das Eine in sich wiederzufinden", erntet keinen Widerspruch. Aber seine Anhänger berauschen sich meist nur an dieser Wahrheit, ohne zu begreifen, was sie eigentlich bedeutet. Sie machen eine Modeerscheinung daraus, eine Art vorgefertigte "Vergöttlichungs-Erklärung", die nur bewirkt, dass sie in Schlaf verfallen. Und glaubt mir, der Schlaf derer, die sich rühmen, den inneren Weg zu gehen, ist genauso tief wie der Schlaf derer, die den Ruf haben, sich vom Strom des Lebens treiben zu lassen.

In Wirklichkeit gibt es innerhalb der göttlichen Präsenz weder solche, die sich dem Heiligen verschrieben haben, noch solche, die sich vom Profanen leiten lassen. Es gibt nur ein einziges Puzzle, dessen Teile mehr oder weniger bewusst und jedes auf seine Weise versuchen, das Gesamtbild wiederherzustellen.

In Wahrheit sind wir deshalb alle je nach der Stufe unserer persönlichen Verwirklichung zugleich Erwachte und Schlafende.

Wenn wir uns daher "in Gott" begeben, also in den Einklang mit dem Atem, der uns an unsere Essenz erinnert, werden wir außerstande, mit der Auffassung "die anderen und ich" zu leben.

Die spontanste Manifestation dieses Einklangs ist sicherlich das Mitgefühl. Bildlich gesprochen ergibt es sich aus der Durchlässigkeit einer liebenden Seele für eine oder mehrere andere Seelen, bei denen sie denselben Ursprung wie ihren wahrnimmt.

Diese Durchlässigkeit, seht ihr, ist der Grundlage dessen, was Gott ausmacht, planetarisch, solar oder galaktisch. Ich wage sogar zu sagen, dass ohne sie nichts wäre, denn sie ist wie ein Durchscheinen des göttlichen Körpers. Doch es ist ein ganz besonderes Durchscheinen, denn es lädt alle Lebensformen ein, wiederum auf ihre Weise "durchzuscheinen" und die Abermilliarden von Informationen auszuatmen, durch die das Göttliche unaufhörlich wächst.

"Wen" erreicht unser Gebet?

Wenn der Intellekt all das aufzunehmen beginnt, die Seele aber den wahren Duft noch nicht erkannt hat, kommen viele oft sorgenvolle Fragen auf:

Wohin, an *wen* oder an *was* gehen die Gebete, die wir an das Himmlische richten? Hat es überhaupt irgendeinen Sinn, zu einem Ewigen Vater zu beten, der nicht "jemand" ist, sondern Alles, der anders ist als wir, uns aber gleichzeitig ähnelt und uns zusammenfasst? Ja, *wohin* - ins Nichts oder Unendliche - gehen unsere Gebete?

Ich werde es ganz einfach beantworten: *An Ihn*, den solaren Herrn, den ihr nennt, wie es euch beliebt, und *an euch*, scheinbar einsame Geschöpfe, die aber Teil des Fundamentes Seiner Pyramide sind ... Was "aufwärts" steigt, steigt zugleich auch "abwärts", denn in Wirklichkeit widersprechen sich beide Richtungen nicht. Sie vermählen sich in ultimativem Verstehen mit dem Herzen als Tempel.

Ich merke auch noch an, dass ein Gebet diesen Namen verdient, wenn der Betende sich im Einklang mit dem befindet, was in ihm schöner, also wahrer ist. Dann erreicht es den Antrieb des Lebendigen und nährt ihn zugleich.

Vergesst nicht, dass die Ordnung der Dinge, in der ihr lebt, nicht von der alleinigen Entscheidung "Dessen" abhängt, den man den Ewigen Vater nennt. Sie ist vor allem *eure* Ordnung der Dinge. Ihr als menschliche irdische Gemeinschaft seid es, die sie jeden Tag durch euer einvernehmliches Denken definiert.

Die Gesetze der physischen Welt, denen ihr zu unterliegen glaubt und an denen ihr euch permanent stoßt, sind die direkte Folge eurer seelischen und geistigen Unfähigkeit, euch etwas anderes vorzustellen ... und somit etwas anderes als sie zu projizieren. Die Analogie zwischen dem göttlichen Universum und eurem macht euch zu ständigen Mitschöpfern der Ordnung der Dinge. Das ist keine willkürliche metaphysisch-esoterische Aussage. Es ist eine Wahrheit, deren mathematische Genauigkeit eines Tages ans Licht kommen wird.

Wisst außerdem, wie lächerlich und kindisch es ist, den Himmlischen Vater zu beschuldigen, für alles, was wir erleben, verantwortlich und taub für unsere Rufe zu sein. Die Ewige Macht kann nicht anders als zuhören ... Sie erwartet nur, dass ihr mit der Antwort zusammenarbeitet, die Sie euch zukommen lässt! Heißt es nicht: "Hilf dir selbst, dann hilft dir Gott?"

Ihr müsst eure Fähigkeit zum Staunen kultivieren. Auch sie ist ein wichtiges Tor zur befreienden Einsicht. *Das Göttliche ist ein Künstler jedes Augenblicks, und ihr seid Seine Hände!*

Hört also auf zu rufen: "Ich habe nicht darum gebeten, geboren zu werden", "Das ist ungerecht" oder: "Für Gott ist das einfach, weil er Gott ist."

Die Ordnung des Universums ist nicht diktatorisch, sondern partizipatorisch.

Selbst im tiefsten Schlaf oder Unglück arbeitet ein jeder mit dieser Ordnung zusammen, einfach dadurch, dass er ist. Aufgrund der Beschaffenheit seiner Seele und somit seiner Sicht darauf bewahrt er sie.

Doch seid euch auch ohne Diktatur bewusst, dass es sich sehr wohl um eine Monarchie im wahrsten Sinne des Wortes handelt. Wenn wir vom höchsten Göttlichen sprechen, vereint als Vater und Mutter, sprechen wir von der Regentschaft einer einzigen Macht in dem Sinne, dass der Souverän und sein Königreich eins sind.

Wie ich es euch immer wieder gelehrt habe, ist der Schöpfer im Grunde nicht von seiner Schöpfung verschieden. Poetisch und anschaulich würde ich sagen: Da Er ganz Liebe ist, hat Er sich in seiner Schöpfung vergessen und fordert sie auf, Ihn in ihr wiederauferstehen zu lassen. Er ist wie der Liebhaber, der nach dem Liebesakt in seiner Geliebten verweilt und dort für eine Weile einschlummert ...

Ja, die göttliche Sonne ist der Herrscher, und auch ihr werdet es vollständig mit Ihm, wenn ihr Seine Liebe empfangt, indem ihr euch an Ihn in euch erinnert wie an euch in Ihm.

Alle Liebesakte, von der physischen Ebene bis zur feinstofflichsten, entsprechen demselben Prinzip des Austauschs, der Ergänzung und der Verschmelzung. Sie wiederholen den Rhythmus von Einatmen, Ausatmen und Atemstillstand. Sie erzählen von Tag und Nacht, Sonnenaufgang und -untergang, Zusammenkunft und Auflösung.

Im Bewusstseinsfeld des Herrn der Galaxie erzählt die Liebe die Geschichte vom allerschönsten Antrieb, der seinen eigenen Brennstoff erzeugt ...

Der kosmische Gott

Und dann? Was folgt dann? Ist dann alles fertig, für immer vollendet, vollständig und selbsterhaltend?

Langeweile, sagt ihr, entsteht aus dem Einerlei ... Im selben Tenor könnten wir hinzufügen, dass der Tod eines Tages daraus entstehen wird, was als vollendet erklärt wurde.

Glaubt mir also: Wenn wir die Frage des Göttlichen so einfach zusammenfassen müssten, dann würden wir uns nicht nur exakt in dieser Sekunde auflösen, sondern hätten sogar niemals existiert! Es gäbe nichts als die Absurdität eines noch nicht einmal konzeptualisierten Nichts. Nein ... alles dehnt sich ständig aus, auch und *vor allem* Gott. Wie könnte Er auch vollendet sein, ist Er doch per definitionem unendlich?

Deswegen ermuntert euch die heutige explosive Zeit dazu, über die psychologische Mauer der Galaxie hinauszublicken, das heißt "hinter" das, was ihr von Gott in seinem väterlichen oder mütterlichen Aspekt erfassen könnt.

Vater und Mutter sind immer Kinder eines anderen Vaters und einer anderen Mutter ... Ihre Elternschaft ist ein Geschenk, das sie von ihren Kindern erhalten, doch ihr

Erzeugerpotenzial stammt von einer liebenden Quelle, die ihnen vorausgeht.

Das Mysterium der Schwarzen Löcher

Seid euch bewusst, dass der Mutter-Vater-Gott, die galaktische Sonne all unserer formulierbaren Vorstellungen, mit einer Macht verbunden ist, die unendlich ausgedehnter ist als Seine.

Angesichts Abermilliarden unserer Leben im Laufe der Zeitalter und der Dimensionen, die aus Seiner Manifestation entstanden, wird Er zu *etwas anderem* hingesogen. Genauer gesagt weiß Er, dass Er aufgefordert ist, mit den Zentralsonnen anderer Galaxien oder, wenn ihr so wollt, mit den Müttern-Vätern der Nachbaruniversen zu verschmelzen.

Man muss sich nur klarmachen können, dass Sie von dem Augenblick an, an dem Sie zur Verschmelzung fähig sind, die gesamte mit ihnen verbundene Schöpfungswelle bei ihrem Aufstieg mit sich nehmen ...

Eine kosmische Vermählung diesen Ausmaßes an Liebe ereignet sich im Athanor dessen, was ihr Schwarzes Loch nennt. Was ihr als unermesslichen, Energie ansaugenden Schlund oder als dunklen Galaxienfresser versteht, ist in Wirklichkeit ein unvorstellbares Tor des Liebes-Lichts.

Es ist der absolute Transformator, dessen sich die Spirale des Unerkennbaren bedient, um Schöpfungen von einem Stadium ins nächste übergehen zu lassen.

Zieht hier noch einmal in euch Bilanz ... Ich habe häufig den Begriff der *Schöpfungswelle* verwendet. Als Wellen des Lebens leiten sie die Geburt neuer Sonnensysteme aus der Verschmelzung der Meister oder Christus- und Buddha-Bewusstseine ein. Für den Übergang von einer Schöpfungswelle zur nächsten muss natürlich eine Schwingungsschwelle überschritten werden, was von einer gewissen Reife zeugt.

Sobald diese Schwelle von mehreren Zentralsonnen und ihren Galaxien erreicht wurde, verschmelzen sie insgesamt, um in etwas katapultiert zu werden, das wir mangels passenderer Worte eine "andere Dimension" nennen könnten. Damit wir uns hier richtig verstehen: Mit "Dimension" spielen wir nicht auf einen anderen Zustand der Materie wie etwa den Äther an. Wir meinen damit Dimensionen im Sinne einer Idee, wo unter anderem Raum und Zeit entworfen werden.

Die Macht, die diesen unumkehrbaren Wandlungen vorsteht und die hin zu einem Lebensstadium zieht, das wir uns nicht im Geringsten vorstellen können, ist auch mit einer Sonne, oder anders ausgedrückt, mit Gott vergleichbar. Auf dieser Stufe können wir aber keinen anderen Begriff mehr als der *Unerkennbare* verwenden.

In Wahrheit sind wir jetzt beim Ain Soph der Kabbalisten angelangt, im Angesicht des absoluten Schwindels, den zu begreifen zu versuchen sinnlos und unglaublich anmaßend wäre. Nicht einmal zu einer Skizze oder einem Zerrbild würde unsere Vorstellungskraft reichen.

Ein Schwarzes Loch[10] ist kaum mehr als die Wirkung eines Schlags Seines Herzens oder auch der Schatten, anhand dessen wir Seine Präsenz erahnen können. Dort befinden wir uns in einem physischen, metaphysischen und mystischen Universum der Unermesslichkeit.

Von der Schöpfungswelle zur Lebenswelle

Ich möchte euch hier darauf hinweisen, dass die Schöpfungswelle etwas ganz anderes ist als das, was ich im Folgenden die *Lebenswelle* nennen werde.

Ein Schwarzes Loch ist das Ergebnis einer Lebenswelle, die wiederum eine ihrer Schöpfungswellen zu sich zurückruft ... Um dies besser verständlich zu machen, übertragen wir es einmal in eure Welt, indem wir erneut dem Gesetz der Analogie folgen.

Stellt euch vor, ihr seid Entwickler eines Großprojektes. Ihr habt eine Idee, die sofort aus euch hervorsprudelt. Soeben habt ihr den Atem geboren, der in der Ordnung des Göttlichen einer Lebenswelle entspricht.

10) Vor Kurzem haben Astronomen eine Explosion im All in einer bisher noch nie festgestellten Stärke registriert. Ihnen zufolge resultiert sie aus einem gigantischen Schwarzen Loch, das den Gegenwert von etwa 300 Millionen Exemplaren unserer Sonne absorbiert. Durch die "Verdauung" dieser Materialmasse sondert das Schwarze Loch riesige Mengen Druckgas ab, die fast 1000 Milliarden Sonnen entspricht und zwei riesige Blasen bildet. Die beeindruckende Größe dieser beiden Blasen, die man als kosmische Hohlräume bezeichnen könnte, ist der Beweis, dass dieses Schwarze Loch in sehr kurzer Zeit eine phänomenale Menge an Materie verschlungen hat.

Sobald die Idee in euch gekeimt ist, habt ihr natürlich das Bedürfnis, sie zu strukturieren. Ihr werdet also im selben Prozess "Unterideen" mit "Spezialbereichen" entwickeln, mit denen euer Großprojekt sich harmonisch und logisch entfalten kann, um das gesetzte Ziel zu erreichen.

Auf der göttlichen Ebene hättet ihr damit gerade Schöpfungswellen hervorgerufen, in denen Zentralsonnen über Galaxien regieren und so weiter. Aus jeder Idee, die euer Großprojekt im Laufe der Ausarbeitung hervorbringt, ergibt sich entsprechend eine weitere Schöpfungswelle. Sie zerfällt unendlich in eine Kettenreaktion aus weiteren Ideen oder Lebensformen.

So entstehen also die Schöpfungswellen einer Lebenswelle nicht unbedingt "gleichzeitig" im Bewusstseinsfeld des Unerkennbaren. Manche sind älter, also entwickelter und ausgereifter als andere.

Wenn ihr Ziel erreicht, also ihre Funktion erfüllt ist, werden sie von einem Schwarzen Loch absorbiert, das sie in eine andere Dimension des Raums katapultiert, die dem Göttlichen näher ist.

Das Wesen, das begreift, dass es letztendlich nur eine Unterunterunterunteridee ist, die aus einer Schöpfungswelle entstanden ist, welche wiederum selbst kaum mehr ist als eines der Elemente einer Lebenswelle oder eines Projektes des Unerkennbaren, verliert zwangsläufig jede Anmaßung oder Arroganz.

Aber es verzweifelt nicht und ertrinkt auch nicht in unendlicher Einsamkeit, denn es versteht, dass trotz seiner offenkundigen Bedeutungslosigkeit *das* Wunder der göttlichen Präsenz ständig in ihm wirkt. Es weiß, dass es trotz allem potenziell genauso riesig ist wie die Galaxien und ihm auf die eine oder andere Weise eine kosmische Vermählung bevorsteht.

Wenn eure Astronomen durch ihre Röntgenteleskope die "Absaugungsarbeit" eines Schwarzen Lochs in bestimmten Galaxien beobachten, dann sehen sie das Ende einer Schöpfungswelle. Mit anderen Worten sehen sie das Abschlussspektakel einer göttlichen Idee, die derjenigen vorausgeht, aus der wir alle entsprungen sind.

Der illusorische Streit zwischen Geist und Wissenschaft

Bei den Dienern der Engel des Herrn sind diejenigen, die sich den Wissenschaften der Universen und des Kosmos widmen, wesensgemäß und per definitionem Mystiker.

Um die Wahrheit zu sagen, können wir absolut keinen Unterschied erkennen zwischen dem, was wir als Naturwissenschaften (wobei der Kosmos in der Natur enthalten ist) und Geisteswissenschaften bezeichnen könnten. Wenn man diese Ebene aufspaltet, hat man nicht verstanden, dass es nur eine einzige Suche gibt: die Suche nach dem Wissen über das Leben und darüber, wer wir sind.

Alle Sprossen einer Leiter sind gleich wichtig. Die uns am niedrigsten erscheinende erreicht genauso viel wie die höchste. Übrigens brauchen wir die Leiter nur umzudrehen, und die oberste Sprosse, die die Äste des Baumes berührte, befindet sich plötzlich an seinen Wurzeln.

Wenn ihr wirklich (und nicht nur intellektuell) nach Frieden und Wissen strebt, hört also sofort auf, die Farben zurückzuweisen, in denen sich die Intelligenz des Lebendigen zum Ausdruck bringt. Weisheit beginnt dort.

Als eure westliche Gesellschaft einst die Schöpfung mit dem Gottes-Begriff verband, tat sie das auf dogmatische Weise ... Heute hat sie diese Vorstellungen größtenteils fallen gelassen. Sie ist überzeugt, sich von ihren Fesseln befreit zu haben, indem sie sie durch das Wort "Wissenschaft" ersetzt hat. Aber in Wahrheit hat sie nichts an ihrer inneren Einstellung und ihrem Tun geändert.

Die Wissenschaft ist innerhalb der Grenzen, in denen sie für die derzeitige vorherrschende menschliche Gesellschaft verstehbar ist, genauso dogmatisch wie der alte Gottes-Begriff. Ein Wort wurde einfach durch ein anderes ersetzt. Wenn ihr erklärt: "Wissenschaftler haben gesagt ...", handelt ihr wie früher die Priester, die erklärten: "Gott hat gesagt ...", und schiebt damit jeder eigenständigen Überlegung von vornherein einen Riegel vor. Die Weisheit kann nur darauf hoffen, dass irgendwann die Frage durchdringt: "Und das Leben in mir ... was sagt Es?"

Vom Wesen der Diener der Engel des Herrn

Die Diener der Engel des Herrn, die durch meine Stimme und Sensitivität zu dir sprechen, sind niemand anderes als die

Elohim vergangener Zeiten. Sie betrachten sich selbst nicht als Engel, zumindest nicht so, wie ihr euch Engel vorstellt.

Sie sagen zu euch: Wir gehören derselben Schöpfungswelle an wie ihr. Wir schließen uns in denselben "Entwicklungsbereich" desselben göttlichen Großprojektes ein. Der Lebenskeim in uns hat im Grunde dieselbe Farbe und denselben Duft wie eurer.

Ihr bringt aber nur das darin liegende Rebellionspotenzial zum Ausdruck, und eure Verhärtung zwingt uns dazu, über uns selbst hinauszuwachsen.

Stellt euch kurz einmal vor, wir seien ein Organ im Körper des Herrn ... Entsprechend könnt ihr eure Menschheit wie einen leidenden Zellhaufen irgendwo in diesem Organ sehen.

Indem wir euch unterstützen und lehren, wie wir es seit jeher tun, sind wir Studenten der Kunst geworden, eine Art geduldige, liebevolle Intelligenz. Die liebende Substanz, die wir verströmen, wirkt gleichzeitig auf uns, die göttliche Wirklichkeit und euch ...

Wir sind euer Nährboden, im Gegenzug seid ihr unser Antriebsmotor. Die Krankheit und das Leid, die auf eurem Wesen lasten, sind unsere Übung, um über uns selbst hinauszuwachsen, und sind auch unsere Opfergabe an alle Stadien der expandierenden Göttlichkeit.

Ich weiß, wir wissen, dass wir mit all dem bei einigen von euch Fragen und Besorgnis auslösen.

Das ist etwas Gutes! Ohne die Erfahrung eines Ungleichgewichts tut sich niemals irgendetwas ...

Mit dem Bild des Kosmos gesprochen müssen wir alle unser persönliches Schwarzes Loch erfahren.

Dank ihnen werden unsere alten Orientierungspunkte und abgenutzten Landkarten eingesogen und verdaut ... Man muss in sich selbst hinabsteigen, bis ins Herz des Atoms, in den Bereich des offenkundigen Nichts, um zu begreifen, dass die schönsten Horizonte auf ewig immer noch erfunden werden müssen.

Seid ganz still ... Alles ist so groß, unendlich und verwirrend! Die Konturen dessen, das ihr für Gott, den Kosmos oder das Universum haltet, sind immer unschärfer geworden, weil sie sich ständig verschieben, sodass ihr nicht mehr wisst, wo eure Mitte ist ...

Ja, wo liegt eigentlich *die* Mitte? Die Antwort ist ganz einfach! Das Problem löst sich von selbst, wenn man sich bewusst wird, dass die einzig wahre, mögliche Mitte sich im Selbst befindet. Alles ist dort.

Seht ihr, aus diesem und keinem anderen Grund, weil wir das verstanden haben, ist eine Kluft zwischen euch und uns entstanden, sodass ihr uns irgendwann Engel genannt habt.

Springt mit beiden Beinen ins Schwarze Loch eures Herzens, und ihr seid sofort bei uns! Unsere Sprosse auf der Leiter wird dann eure. Ihr werdet sie als Teil eures Erbes erkennen.

Aber Achtung ... Ins eigene Schwarze Loch zu springen heißt nicht, seinen Verstand zu verlieren und nur noch mystisch daherzureden; es bedeutet auch nicht, Mitgefühl mit rührseliger Emotionalität zu verwechseln. Es bedeutet, unser

Sein in alle Richtungen des Lebens gleichzeitig auszuweiten. Die wahre Mitte im Selbst zeigt sich erst dann, wenn wir in einem Gleichgewicht leben, das bewirkt, dass wir zu allem denselben Abstand haben.

Wir haben gesehen, dass der Sprung ins eigene Schwarze Loch auf 144000 verschiedene Weisen geschehen kann, je nach der Art der Wirklichkeit, in der man lebt. Allen diesen Sprüngen ist jedoch der Wagemut gemeinsam, das Gegenteil des Seelenschlafs.

Sich dem Unerkennbaren zu nähern bedeutet zunächst einmal, sich dem Selbst im absolutesten Sinne des Ausdrucks zu nähern. Es bedeutet, einen willentlichen, bewussten Weg ohne Wendemöglichkeit hin zu unserem ursprünglichen Gedächtnis anzutreten, in dem Wissen, dass dies mehrere "Quantensprünge" bedeutet und jeder dieser Sprünge uns das Gefühl geben wird zu sterben oder uns sogar vollständig aufzulösen.

Und ja, unser Bewusstsein entledigt sich seiner eigenen Seinswahrnehmung jedes Mal, wenn es akzeptiert, ins Leere zu springen, um sich an eine andere Facette des göttlichen Diskurses anzupassen. Was Angst macht, ist natürlich die "fehlende Wendemöglichkeit", die ich gerade erwähnt habe. Sie scheint dermaßen im Widerspruch zum Freiheitsprinzip zu stehen, dass sie oft Ablehnung erzeugt ... Aber versucht auch hier, wirklich zu verstehen, denn dieser Widerspruch ist nur oberflächlich. Man muss zwischen Wenden und Rückwärtsgang unterscheiden ... Das ist keine Wortspielerei; ich lasse die Wörter nur sagen, was sie zum Ausdruck bringen.

Wenn ihr am Steuer eines Fahrzeugs den Rückwärtsgang einlegt, blickt ihr zurück über die Schulter und lasst die

Räder in die entgegengesetzte Richtung laufen, aber die Front eures Fahrzeugs ändert die Richtung nicht.

Beim Wenden dagegen fahrt ihr nicht weiter und weist das Fahrzeug an, dem Ziel den Rücken zuzukehren. Dieser Prozess (und nicht der Rückwärtsgang) ist absurd, wenn man ihn auf die Evolutionsleiter hin zum Göttlichen anwendet.

Das Bewusstsein hat immer die Wahl, den Rückwärtsgang einzulegen, wenn es mit einem Hindernis konfrontiert ist, das ihm Angst einjagt. Damit zögert es lediglich sein Weiterkommen hinaus und schöpft Atem, um zu reifen ... Aber es wendet deshalb nicht. Die Vorstellung des Wendens ist im Übrigen auch Unfug, denn der Ursprung vermischt sich darin mit dem Ziel.[11] Beachtet, dass ich hier mit Absicht nicht die Begriffe “Beginn” und “Ende” verwende ...

Die Illusion der Zeit

Mehr als alle anderen Wörter halten “Ursprung” und “Ziel” das Denken in der Vorstellung einer linearen Zeit gefangen. Wenn man auch nur ein bisschen darüber nachdenkt, erweist sich diese Auffassung als absolut unvereinbar mit der Vermählung von Alpha und Omega, also mit der Einheit von allem, was Ist.

Wenn wir von Zeit und Evolution zu euch sprechen, dann der sprachlichen Einfachheit halber in einem Schöpfungsraum, in dem die Illusion einer vergehenden Zeit zu

---

11) Siehe Seite 32.

den Werkzeugen gehört, mit denen das Bewusstsein lernt, sich selbst zu erkennen und sich zu entfalten.

Dass die Zeit nicht existiert, ist eine absolute Wahrheit. Diese Wahrheit ist aber genauso schwierig oder gar unmöglich zu integrieren wie die, die uns auch den Begriff der Distanz leugnen lässt. Erinnert euch: Alles ist in direktem Kontakt mit allem.

Um gescheiter fortzufahren und weitere Türen zu öffnen, sagen wir hier ganz einfach, dass die Zeit im höchsten Bewusstsein einen Kurvenverlauf in Form einer Spirale nimmt. Durch "Quantensprünge", zu denen der Geist periodisch imstande ist, wird es ihm (bildlich gesprochen) möglich, von einem Ring der Spirale zum nächsten zu springen oder, wenn ihr so wollt, von einer Schöpfungsfrequenz zur nächsten.

Die Wahrnehmung des inneren Raums, den die Zeit darstellt, ist mit der Entwicklung des Bewusstseins verbunden, also mit seinem Zugang zu der Schwingungsfrequenz, die durch Gravitationskraft induziert wird.

Diejenigen von euch, die dem Studium des Kosmos[12] nachgehen, also des Körpers des Unerkennbaren, wissen bereits, dass Schwarze Löcher unter anderem die Raumzeit

12) Entdeckungen der Astrophysik bestätigen die Theorie, dass die Gravitationskraft Schwarzer Löcher so beschaffen ist, dass selbst das Licht ihnen nicht entkommen kann. Von Berechnungen flankierte Beobachtungen beweisen auch, dass der kosmische Siphon, den ein Schwarzes Loch darstellt, "die Beschaffenheit des Raums, der es umgibt, verändert", sodass "ein Raumzeit-Ozean entsteht, der alles deformiert, was hineinfällt". (AFP vom 11.01.2005)

um sie herum deformieren. Diesbezüglich befinden sie sich an der Schwelle zu einem der größten Mysterien der göttlichen Präsenz.

Die Einheit von Materie und Bewusstsein

Bei all diesen kosmischen Überlegungen muss man beachten, dass ich mich entschieden habe, in meinen Äußerungen nicht klar zwischen der Materie und dem Bewusstsein der Himmelskörper zu unterscheiden. Materie und Bewusstsein sind sich ergänzende Manifestationen der Verwirklichungsstufen Gottes. Warum? Weil es sich in Wahrheit um ein und dasselbe auf unterschiedlichen Ausdrucksebenen handelt. Der Geist und der Körper eines Planeten, einer Sonne oder sogar einer Galaxie sind niemals entgegengesetzt. Sie singen dasselbe Lied auf zwei unterschiedlichen musikalischen Reichweiten (zwei Frequenzen), auch wenn sie sich überlagern. Es ändert sich allein die Oktave, auf der das Leben gespielt wird.

Wenn ihr sagt: "Auf diesem oder jenem Planeten ist kein Leben möglich, denn die Temperatur dort ist zu hoch oder die Atmosphäre lässt das nicht zu", dann überseht ihr ganz einfach, dass ihr es in euren Beobachtungen nur mit dem Skelett dieses Planeten zu tun habt ...

Das Leben, das ihr dort sucht, hat sich infolge einer radikalen Änderung seiner Bewusstseinsebene auf eine andere Schwingungsebene begeben, weil sein Gewand in dieser Dichte seine Aufgaben erfüllt hat.

Die Analogie zum menschlichen Wesen ist auch hier wieder vollständig: Wenn der Körper seine Funktion beendet hat, entsteigt ihm die Seele und entwickelt sich "anderswo" weiter, wo das Leben nach anderen, subtileren Regeln spielt.

Ebenso ist die Kugel aus schmelzflüssigem Material, die ihr Sonne nennt, kaum mehr als das physikalisch analysierbare Gehäuse einer anderen Sonne, die darin wirkt und deren spirituelle Wirklichkeit Nahrung für euren göttlichen Keim ist. Die Strahlen einer physischen Sonne betreffen nur den dichtesten Aspekt des Lebens.

Über sie sprechen wir in dieser Unterweisung allerdings nicht, auch wenn alle Abstufungen *Dessen*, das ist, sich überschneiden, ergänzen und miteinander verschmelzen.

Derjenige von uns, dessen Präsenz vor einigen Jahrtausenden den Pharao Echnaton inspirierte, hat versucht, all das zu übermitteln. Er wusste, dass sein Wort nur ein Flüstern sein würde und er das Echo des Zeitgefühls brauchte, damit man ihn wirklich zu hören begann. Die Arme und Hände "seiner" Sonne sind Streicheleinheiten, die Er verteilte, um Geistesblitze hervorzurufen ... Die Entdogmatisierung des irdischen menschlichen Bewusstseins ist unser erklärtes Ziel, unsere Aufgabe in dieser Schöpfung und die Fortführung des Werks der Kinder Atons.[13]

13) Siehe "Echnaton und der strahlende Gott" desselben Autors - Verlag Die Silberschnur.

Die Erwähnung der zeitlichen Dimension bringt mich noch einmal auf die innere Sonne eures Planeten zu sprechen.[14] Ihr müsst wissen, dass sie ständig Impulse erhält, Informationen aus den anderen Manifestationsebenen des Göttlichen, also aus der Ebene der Sonne unseres Planetensystems, unserer Galaxie und auch des Unerkennbaren. Diese Impulse veranlassen sie zu "etwas anderem", sie aktivieren sie. Nun ist euch aber sicher nicht entgangen, dass die Zeit, in der ihr heute lebt, sich durch eine außergewöhnliche Aktivierung des Sonnenkerns der Erde auszeichnet ... Das wiederum bedeutet, dass euch zurzeit eine Initiation in "etwas anderes" angeboten wird. Diese Aktivierung verändert das Magnetfeld der Erde und beeinflusst damit die Schwingungsfrequenz eurer Welt, den Tenor eures inneren Lebens und vor allem euer Zeitgefühl.

Tatsächlich erlebt ihr zurzeit geistig, seelisch und körperlich alles, was die Bewegung eines Pendels mit sich bringt, das kurz davor ist, seinen niedrigsten Punkt zu erreichen: Die Schnelligkeit, von der eure innere und äußere Welt erfasst wird, wächst exponentiell. Es wäre keine hohle Phrase zu sagen, dass eure Tage keine 24 Stunden mehr haben.

Eure Zeit "schrumpft" proportional zur Erhöhung der Schwingungsfrequenz eurer Welt.[15] Sie "bewegt sich" abhängig von der Rotationsgeschwindigkeit eures Planeten innerhalb eines Sonnensystems, das seine Gangart in der Galaxie verändert.

---

14) siehe Seite 53.

15) Inzwischen ist in interessierten Wissenschaftskreisen gut belegt, dass die Schwingungsfrequenz der Erde innerhalb weniger Jahre von der festen Zahl 7,8 Hz auf derzeit 12 Hz gestiegen ist und weiter ansteigt.

Versteht ihr, wie euer Leben mit der unendlichen Kette der Manifestationen verbunden ist, durch die der Unerkennbare einatmet, ausatmet, Seinen Atem weiterträgt und Alles regelmäßig mit Atemstillständen durchsetzt, auf der anderen Seite dessen, was ihr Schwarzes Loch nennt?

Die Manifestation des Ain Soph ist als Schwingung der Ewigkeit verstehbar. Sie entfaltet sich, versammelt sich und nimmt wieder ab, um schließlich zu erlöschen, in einem Schrumpfungsprozess, aus dem bald wieder ein neuer Kosmos entsteht ... bis in alle Ewigkeit ... genauso, wie bei jedem neuen Sonnenaufgang neue Ideen oder Projekte aus euch hervorsprudeln können.

Hört auch dies: Ihr alle seid heute zu einem unglaublichen, wunderbaren Essen eingeladen ... zu einem Festmahl für Seele und Geist. Werdet ihr da sein? Natürlich werdet ihr euch nur an den Tisch setzen, wenn ihr wirklich Hunger und Durst auf die euch dort angebotenen Speisen habt: Einfachheit, Wahrheit, Freude, Liebe und ... Wille. Fünf unerlässliche Eigenschaften für einen wahren Reisepass des Herzens, den einzigen, der notwendig ist für die unweigerliche Veränderung, die sich euch eröffnen wird ... schon sehr bald.

Deshalb arbeiten meinesgleichen und ich unablässig daran, euch zu ermuntern, euer Bewusstseinsfeld neu zu initialisieren.

Der jüdisch-christliche Mikrokosmos hat Verrat am Gedankengut des Sonnen-Christus begangen und einen Gott präsentiert, der von Seiner Schöpfung verschieden ist und außerhalb von ihr als ihr Richter handelt.

Überdies beschränkte sich diese Sichtweise absichtlich nur auf die Erde und machte aus ihr den Mittelpunkt des Universums, das Lieblingskind des Göttlichen. Und wie um euren Denkhorizont noch weiter einzuschränken und zu infantilisieren, wird Gott dieser Auffassung zufolge seiner Schöpfung "ex nihilo" willkürlich ein Ende setzen und eine neue Erde für diejenigen Männer und Frauen erschaffen, die ihn angebetet und gefürchtet haben und deshalb von der berüchtigten Erbsünde erlöst wurden ...

Wir möchten nicht polemisch sein, das wisst ihr ... Wenn wir auf diese starre Auffassung der Ordnung der Dinge aufmerksam machen, dann, um euch die geistigen Schablonen aufzuzeigen, mit denen ihr konditioniert wurdet.

Es sind unglaublich egozentrische Schablonen, die die Spezies Mensch in erschreckender Weise der Verantwortung entheben und die Dualität aufrechterhalten. Demnach gibt es nur Gut und Schlecht, und der Mensch ist ein einfacher, von Gott abhängiger Untertan ... von einem Gott, den man zu fürchten hat, während man gleichzeitig Lobpreisungen auf Ihn singt.

Was ist von so einer engen Sichtweise zu halten, wenn schon vor mehreren Tausend Jahren die Weisen eures Orients *sich erinnerten*, dass der Unerkennbare, das *Tao*, unaufhörlich die Eins erzeugt, die selbst wiederum die Zwei hervorbringt, die die Drei erschafft ... woraus die Unendlichkeit der Lebensformen durch den Atem, das Chi, entsteht?

Wir haben das nicht erfunden ... In unserer Unterweisung zeigen wir uns nur als Wesen der Erinnerung. Wir versuchen nur zu erreichen, dass sich in euch Ideen der Ewigkeit begegnen und verschmelzen, um euch euch selbst zurückzugeben. Wir regen den Weg der Vernunft an! Wenn ihr wieder lernt, im kosmischen Rahmen zu denken, lernt ihr auch wieder, das Ebenbild des höchsten Schöpfers zu *sein*. Eure vereinzelten Ideen nähern sich dann einander an, ordnen sich und vermählen sich wie die Universen, die sie auf ihrer Ebene sind.

Habt ihr jemals realisiert, dass eure Galaxie, die Milchstraße, die von über Hundert Milliarden Sternen bevölkert ist und einen zentralen Kern und Spiralarme besitzt, eine von vielen Ideen in einem Großprojekt des göttlichen Unerkennbaren ist?

Diese Idee, die "lebendige Unterideen" enthält (etwa alternde oder entstehende Sterne, die sich nahe an ihrem Kern aufhalten), gravitiert rund um ihr eigenes Schwarzes Loch.[16]

Im Gedankenraum des Ain Soph oder des Tao nähert sie sich unwiederbringlich einer anderen Idee an, dem Andromedanebel.[17] Aus ihrer Begegnung wird eine "Superidee" entstehen.

Unter der Wirkung der gigantischen Gravitationsmasse ihrer Halos werden beide Galaxien miteinander agieren, sich verformen ... wie wenn sich in eurem inneren Raum zwei Ideen begegnen und eine schöpferische, innovative Dynamik erzeugen.

---

16) Berechnungen zufolge hat dieses Schwarze Loch etwa zwei Millionen Mal mehr Masse als unsere Sonne.

17) Der Andromedanebel soll doppelt so groß sein wie unsere Galaxie, die Milchstraße.

Auf der galaktischen Ebene zeigt sich diese Dynamik durch Bombardierungen und Explosionen von Sternen, wodurch Supernovae entstehen, "Sternenstaub", bereit, das Universum zu besäen.

Für das Göttliche ist die Supernova der verdichtete Keim einer Idee im Inneren einer Schöpfungswelle.

Wenn nun in eurem Geist beim Nachdenken zwei Ideen aufeinandertreffen, führt das zu einer plötzlichen Erkenntnis, die oft kreativ ist und manchmal sogar das, was man einen Geistesblitz nennt! So erzeugt ihr in eurem Energiefeld (eurer Aura) "Sternenstaub", der sich in konkreten Projekten niederschlagen kann und für den ihr die Rolle Gottes einnehmt.

Wenn es also in manchen eurer Schriften heißt: "Der Mensch ist aus Staub", handelt es sich um einen alten Übersetzungsfehler im Sinne unfreien Denkens. Tatsächlich hatte der erste Verfasser "Sternenstaub" geschrieben ...

Ihr und wir alle sind das vergängliche Ergebnis von Supernovae, die aus den Gedanken einer bestimmten Ausdrucksebene des Göttlichen stammen. All das führt uns die Ordnung des Wunderbaren vor Augen. Man kann sich nur voller Liebe verneigen vor Dem, das in uns wohnt und Dem, in dem wir wohnen ...

Wir werden hier nicht noch weiter gehen, meine Freunde, denn was wir formulieren müssten, kann nicht umschrieben, ja noch nicht einmal geflüstert werden. Es gibt nur noch innere Wahrnehmungen, die (wenn auch nur teilweise) in der innigen Verbundenheit von Seele und Seele oder Geist und Geist erfassbar sind.

Jeder von uns hat ein Geheimnis, seht ihr ... Warum sollte nicht auch Gott eines haben? Es ist noch nicht einmal ein Recht, sondern es ist Teil des Wesens von allem, was Ist. Es ist das Geheimnis der Geschichte des Lebendigen.

Auf unserer Ebene ist es der unbeschreibliche Teil unseres Herzgedächtnisses. Selbst wenn wir euch dieses Geheimnis verraten wollten, bliebe sein Keim ein stummes Juwel. Wir sind kostbar, weil wir auf ewig einzigartig sind ... genauso einzigartig wie ein Baumblatt unter Abermilliarden anderer Baumblätter.

Auf der Ebene des kosmischen Göttlichen wird es zu Recht "das Mysterium" genannt ... Nicht, um ein Rätsel zu hüten, sondern aus Respekt vor dem Ur-Funken der Liebe, der noch nicht einmal einen Namen trägt, so sehr ist Er Liebe.

Das Mysterium des Heiligen Geistes

Hier sind wir also nun ... Und noch einmal bin ich gezwungen, zu dir – euch – zu sagen: “Ist das nun alles? Wenn man all das verinnerlicht hat oder glaubt, es verinnerlicht zu haben, wenn man seine geistigen Grenzen gesprengt hat ... was kommt dann? Die Befreiung? Der Aufstieg?”

Ich muss euch mitteilen: Es kann sein, dass gar nichts geschieht, dass sich nichts, oder fast nichts, ändert ... Damit will ich sagen: Es kann sein, dass man einfach zu einem Jongleur in Metaphysik wird, einem Papagei mit spiritualistischen Ambitionen, der brillant die Meister nachplappern kann.

Vor allem will ich sagen: *Nichts* geschieht jemals, wenn das, was in uns denkt und handelt, sich wie ein Fotokopierer der Weisheit verhält.

So lange wir nicht bis ins Innerste unserer Zellen selbst erlebt und erfahren haben, was als Geist bezeichnet wird, steht alles nur auf dem Papier. Dann rühren wir uns Wissen zusammen und halten das für Erkenntnis.

Ich habe euch den Gott der Erde erahnen lassen, den Gott der Sonne, der Galaxie und des Kosmos; ich habe Sein väterliches oder mütterliches Gesicht gezeichnet, seine planerische, matrizielle und kindliche Rolle geschildert ... Mir blieb noch, euch das Wesentliche zu lehren, das heißt, die verbindende Kraft in euch zu benennen und anzuregen, die Macht des liebenden Kreislaufs, durch die alle Maskierungen des Göttlichen und die eure aufgerufen sind, miteinander Zwiesprache zu halten und gemeinsam über sich selbst hinauszuwachsen, um die Schleier des Traums zu zerreißen. Mir blieb noch, zu euch über den gesegneten Zustand des Wesens zu sprechen, das vom *Heiligen Geist* berührt wurde.

Oh, der Heilige Geist! Gibt es einen mysteriöseren, nebulöseren Begriff? Sagen wir es doch gleich: Für die meisten ist dies ein Allerweltsausdruck, der versucht, alles zusammenzufassen, alles zu erklären, aber eigentlich nicht viel sagt, weil er so vage ist.

Mitunter wird er bei euch als Brise, Taube oder Feuersäule beschrieben, die einfach nur durch ihr Erscheinen wie aus heiterem Himmel Weise, Erleuchtete oder Heilige herbeizaubert. Er scheint unvermittelt das Licht zu schenken wie eine Gnade, die durch göttlichen Ratschluss gewährt wird. Wenn er wundersam hinabsteigt, benennt er Auserwählte und tilgt dabei gleich auch noch die menschlichen Schwächen der glücklichen Empfänger.

Kann man all das überhaupt noch ernst nehmen? Wir haben es hier mit Vorstellungen zu tun, mit denen eine seichte Mythologie aufrechterhalten wird, gerade genug, um das Wesen von seiner wahren Beziehung zum Göttlichen fernzuhalten.

Das Lebenselixier des Universums

Seid euch gewiss ... der Heilige Geist ist zunächst einmal ein Zustand eurer selbst, und ihr seid Meister seines Aufstiegs in euch! Er ist einer der Aspekte des Bewusstseinsfeldes, in dem der immense Kosmos badet, und strebt in jedem Einzelnen danach, wiedererweckt zu werden.

Seht ihn nicht als Gnade, mit der ihr für euer Leid und eure Gebete belohnt werdet! Die Welle unaussprechlicher Liebe namens Heiliger Geist wird von unseren Irrungen und Wirrungen *niemals* berührt. Sie lässt sich nicht durch unsere bewussten, versteckten Tricks und Schliche täuschen. Im Gegenteil durchschaut sie alle unsere Vorwände, verzerrten geistigen Einstellungen und als große Gefühle getarnten Emotionen. Sie kennt uns bis ins Mark ... denn sie ist nichts anderes als das Lebenselixier des Universums, das in uns fließt.

Sie ist ... *Das*, was uns antreibt und aufwärts streben lässt. Sie ist heiliger Antrieb, Kraftstoff und Fahrzeug zugleich. Und sie ist Erinnerung, vermählt mit dem Versprechen!

So lange ihr sie nicht als Zustand eures sich entfaltenden Bewusstseins versteht, bleibt ihr außerhalb der Wahrnehmung des Göttlichen.

Der Heilige Geist ... ich nenne ihn die Blüte der Nicht-Dualität, sein Duft ist der Duft der Einheit, der euch am Ende überflutet ... vielleicht nach einer Milliarde Existenzen und Selbstgeißelungen in einer Milliarde Welten ... aber *gewiss nicht* deswegen! Sondern wegen einer geballten Faust, die sich in eurem kurz vor dem Kollaps stehenden Verstand plötzlich öffnet.

Warum sage ich "euer Verstand" statt "euer Herz"? Weil es immer der Verstand ist, der mit seinen Riegeln und Schlössern aus trügerischer Sicherheit das Herz bis zur Verkümmerung gefangen hält. In seinem alltäglichen humanoiden Gewand blendet er es mit Tausend besitzergreifenden Reflexen.

Heißt das, dass er *der Feind* ist? Ich sage euch nochmals: Es gibt keinen Feind, und es wird niemals einen Feind geben!

Es gibt nur einen Gegner: die eigene Kleinlichkeit, die es zu überwinden gilt.

Wie lässt sie sich überwinden? Durch ein bereitwilliges Lächeln, durch den Mut, den Beckenrand loszulassen, und durch das Vertrauen eines Vogels, der ins Leere springt.

Aber täuscht euch nicht! Dieser Vogel blickt nicht nur wie eine Taube drein. Er besitzt auch Adleraugen. Vom Adler hat er auch die Gelassenheit, die Entschlossenheit ... und einen Schnabel, der imstande ist, ins Fleisch zu schneiden.

Oh nein, er ist nicht seicht, dieser Geist, den man heilig nennt, der aber in Wahrheit nichts anderes ist als der Allumfassende Geist in all seiner Unermesslichkeit.

Möchtet ihr davon kosten? Möchtet ihr, dass seine Furchtlosigkeit zu euch kommt und eure Trugbilder zum Einsturz bringt? Nun, dann nutzt euren Verstand, dem ihr so wenig traut, nehmt ihn als das Werkzeug, das er ist, ladet ihn zu entspannender Gymnastik ein und verbündet seine Kräfte zuversichtlich und schwungvoll mit euren natürlichen Herzensregungen ...

Genau dort und auf diese Weise, am Ende der aufgestauten Erschöpfung aus Starrsinn und Widerstand, öffnet sich schließlich eine Tür. Etwas in euch streckt und dehnt sich, halb Taube, halb Adler, liebkosend und einschneidend zugleich, etwas, das unendlich liebt ... aber zuallererst mit alten Selbstverständlichkeiten bricht.

Das Nous und das Supramentale

Dieses Tor des Erwachens wird von einigen das *Nous*[18] genannt, von anderen das Supramentale, während wieder andere darin die Manifestation eines der Aspekte Shivas sehen. Man könnte ihm noch eine Menge anderer Namen geben, je nach den Traditionen, die sich in eurer Welt angesiedelt haben.

Wie auch immer ... Der Blick des Göttlichen, der Geist des Blicks, der die Entfaltung des Nous spiegelt, ist völlig zu Recht - ganz von Natur aus, sollte ich sagen - Teil eures heiligen Erbes.

Wenn ihr Zugang dazu habt, dann wisst ihr ohne jeden Zweifel, dass ihr in Gott seid, dass Gott in euch ist ... dass

18) Siehe "Maria Magdalena - das wahre Evangelium" desselben Autors, Seite 151

ihr Gott seid, der Sich in Seiner Schöpfung vergessen hat, und Gott, der danach strebt, Sich an Sich selbst zu erinnern, um immer weiter zu wachsen.

Versteht ihr nun, "Gott der Heilige Geist" ist ebenso wenig "jemand" wie "Gott der Vater oder Sohn"! Er ist ein Aspekt von euch, den ihr noch nicht kennt und dessen schlummernde Präsenz euch ab und zu streift. Er ist eure Sehnsucht, eure Hoffnungs- und Glückstränen und auch eure Empörungsrufe. Er ist euer innerer Frieden und flammender Zorn. Er ist zerstörerischer Kuss und Schwert der Auferstehung ... Denn macht euch bewusst: Um voll und ganz Zugang zum göttlichen Blick zu erhalten, muss man starre Moralvorstellungen und Gewissheiten loslassen, die man für endgültig gehalten hat.

Das Nous gibt also dem Wesen sich selbst zurück, führt es fort und erfindet es immer wieder neu, so wie es seine Flügel ausbreitet. Weisheit ist, es in sich aufsteigen zu lassen, wenn man sich mit dürstendem Herzen am Rande der Klippe weiß und keine Argumente mehr hat. Weisheit ist auch, wenn es einem gelingt, seine Präsenz zu erkennen.

Seht ihr, mit der Liebe, die der Heilige Geist verströmt, verhält es sich wie mit einem großen Wein ... Man kann an ihm vorübergehen, ohne dass man ihn als solchen erkennt. Es kann sogar sein, dass man zur Weinprobe eingeladen wird, aber Angst vor seiner Tiefe hat und ihn angewidert ausspuckt, weil er größer ist als wir und uns aus dem Konzept bringt.

Auch hier betone ich noch einmal den Begriff des Willens, denn nichts findet jemals ohne seine Dynamik statt.

In diesem Zusammenhang ist das Rot der shivaistischen Tradition von besonderer Bedeutung, und auch meine mahnenden Worte im Namen der Diener der Engel des Herrn stehen dem nahe.

Die Macht Shivas besingt aus voller Kehle das Prinzip des Willens. Sie veranschaulicht die absolute göttliche Kraft, die ewig inmitten eines Feuerrings tanzt und den kosmischen Reigen erzeugt, der die Welten erschafft und wieder abschafft.

Um also Zugang zum Tor des Geistes zu erhalten, um die offene Kathedrale des Supramentalen zu betreten und die Unermesslichkeit des Nous zu berühren, müssen wir den Willen und den Mut haben, etwas von uns selbst abzuschaffen.

Etwas von uns selbst abzuschaffen, was wir zu sein glaubten, bedeutet, sich ein wenig mehr so zu erschaffen, wie man sich schon seit ewigen Zeiten manifestieren möchte.

Ist es nicht so, dass unser letztes Leben sich aus den Rinden und Schalen unserer Tode speist? Warum sich dieser Verwandlung widersetzen, da sie ja in der Ordnung des universellen Unvermeidlichen festgeschrieben ist? Versucht also, jedes eurer Leiden als Folge der Steifheit eures Wesens wahrzunehmen, denn das ist schon ein riesiger Schritt! Ein bescheidener und doch auch großartiger Schritt.

Die Entstehung des achten Chakras

Vielleicht wird man meine Worte inspirierend finden, aber gleichzeitig auch viel zu unklar oder theoretisch ...

Hier also eine genauere Erklärung, wie sich in energetischen Begriffen die Öffnung des Tors des Nous, die Integration von Shivas Feuer darstellt. Im feinstofflichen menschlichen Körper manifestiert sich das Aufkommen der Sensitivität, die mit dem Auftreten einer solchen Kraft einhergeht, durch das Aufblühen eines zusätzlichen Chakras.

Dieses achte Kraftzentrum ist als leuchtende, weißgoldene Kugel wahrnehmbar, die etwa 50 Zentimeter über der Quelle des siebten Chakras erstrahlt. Es ist ein lebendiges Strahlen, das ständig pulsiert und das intensive Innenleben der Seele zum Ausdruck bringt.

Ihr müsst wissen ... Das achte Chakra taucht nicht einfach zu irgendeinem Zeitpunkt des spirituellen Wachstums wie aus dem Nichts auf. Es ist seit Anbeginn der Zeit als Keim in jedem Bewusstsein enthalten.

Wenn es im Wesen aufsteigt, wahrnehmbar wird und seine seherische Macht erkennen lässt, dann einfach deshalb, weil es sich zumindest zu einem guten Teil von allem befreit hat, was es an seiner Entwicklung gehindert hat: von Vorurteilen durch menschliche Moralvorstellungen, von aus Dogmen entstandenen Konditionierungen und von niederen Manifestationen der inkarnierten Persönlichkeit wie Egoismen, Besitzgier, Gewalttaten und auch Abhängigkeiten.

Der Adler und die Taube

Doch mehr als jedes andere Zentrum seelischer Energie unterscheidet sich das achte Chakra durch sein intensives Leben bis hin zur Veränderung der eigenen Gestalt ...

Je mehr es sich öffnet, oder mit anderen Worten, je liebevoller und grenzenloser derjenige wird, der es manifestiert, umso mehr entfaltet es sich und lässt, während es sich verformt, drei Flammen aus reinem Licht emporschießen: Zwei gehen jeweils von den Seiten der abnehmenden Kugel aus, währen die dritte darüber lodert. Dem Auge, das dieses Strahlen wahrnehmen kann, erscheint es wie ein Dreizack, der aus einer kleinen Kugel austritt.

Was liegt näher, als hier an den Dreizack Shivas zu denken? Und in der leuchtenden Gestalt auch die Silhouette eines Vogels zu erkennen, der mit ausgebreiteten Flügeln hinabschwebt?

Es ist die Vermählung von Adler und Taube, eine Gestalt, die von den Begründern einiger großer spiritueller Traditionen oder Initiations-Traditionen wahrgenommen wurde. Archetypen und Symbole spiegeln immer grundlegende Wahrheiten, die im göttlichen Plan festgeschrieben sind ...

So tragen alle Weisen, aufgestiegenen Meister, Christus und Sonnen aller Universen unter anderem das Abzeichen des Vogels oder Gänsefußes[19], das Emblem dessen, dem es gelingt zu *verstehen*.

---

19) Anzumerken ist hier, dass dieses Zeichen ständig auf dem Jakobsweg zu sehen ist und auch subtil im "Gänsespiel" vorkommt, dem Spiel dessen, der zu "hören" weiß.

Dieses Hinabsteigen von Licht zum sich ausdehnenden Wesen geschieht als Antwort auf das Aufsteigen des Lichts dieses Wesens zu seiner ultimativen Quelle. Seit jeher bedingen sich Auf- und Abstieg gegenseitig, um an einem Punkt absoluter Vereinfachung in einer perfekten Atmung zu verschmelzen.

Das Hindernis der Lauheit

Doch bevor man dorthin gelangt, siehst du, muss man den Ozean der Ängste durchqueren. Der lange Weg des Bewusstseins lässt sich so zusammenfassen: Er ist die Überwindung der Ängste. Deshalb zeigt sich die Liebe, und damit meine ich wahre Liebe, die Erkenntnis schenkt und befreit, nur den Unerschrockenen, den Sprengern von Schablonen und Zerschneidern von geistigem Stacheldraht.

Am höchsten verwirklicht, wisst dies, ist immer der Meister, der im Laufe der Zeitalter am meisten im Leben gewagt und probiert hat.

Wurde nicht geschrieben: "Weil du aber lau bist, werde ich dich ausspeien"? Dieser heftige und auf den ersten Blick anstößige Ausdruck spiegelt tatsächlich wunderbar die universelle Welle des Heiligen Geistes. Es ist keinesfalls der unduldsame Ausspruch eines eifersüchtigen, strafenden Gottes, sondern der Ausdruck des Blicks, der die Macht des Willens jenseits von Zeit erkennt.

Hier höre ich euch schon einwenden: "Ja, aber es heißt doch, Gleichgewicht, Mittelweg und Mäßigung sind göttliche Attribute, also das genaue Gegenteil jeder extremen Position ..."

Darauf sage ich: "Gleichgewicht und Frieden entstehen aus der Vereinigung scheinbarer Gegensätze, treibender Kräfte des Lebens. Sie zeugen von der Macht *Dessen, der wagt*, sie zu sein, und das volle Risiko des Abenteuers des Lebendigen eingeht. Der Zaghafte lebt nicht ... er existiert nur. Seine Lauheit hat nichts mit Gleichgewicht zu tun. Sie kündet von einer zögerlichen Seele, die vor dem Feuer des Geistes zurückweicht.

Die Geburt des Nous

Das Nous wiederum verbrennt alles, was fade und unengagiert ist. Es macht kleinste verfestigte Muster in uns ausfindig, ohne sich um flüchtige Gefühle oder starre Gewohnheiten zu scheren.

Es drängt uns, zerrt an uns und reißt uns aus unserer alten Haut, um uns ein neues Notensystem vorzulegen, mit dem wir uns selbst schreiben oder eher neu komponieren müssen, um einen Schritt weiter zu gehen.

Wenn ihr euch wünscht, dass es in euch aufsteigt, müsst ihr es inbrünstig rufen und eure Grenzen überschreiten. Macht euch darauf gefasst, in einen anderen Raum in euch selbst geworfen zu werden, für den es wie bei einem neuen Kontinent keine Landkarten gibt.

Der göttliche Geist kennt Grenzsteine nur, um sie zu überwinden, wisst ihr! Die Eigenschaften von Liebe und Wahrheit, die man mitunter beim Näherkommen zu entdecken meint, sind immer selbst Schwellen, die zum Weitergehen einladen.

Auch wenn es so wirken kann, als würde das Erscheinen des Nous oder, wenn man so will, des Heiligen Bewusstseins, nur die höheren Bereiche des Wesens berühren, betrifft es aber tatsächlich das ganze Wesen.

Es ist unerlässlich, anders als intellektuell zu verstehen und zu erkennen, dass auch der physische Körper vom Aufblühen des Nous betroffen ist.

Nochmals, die Welten stehen sich nicht entgegen ... Was euer Bewusstsein transformiert, verändert genauso auch euren Körper.

Ihr könnt euch also im Geiste nicht entfalten, ohne dass eure Zellen in einen anderen Schwingungszustand versetzt werden. Die Bücher sagen es euch, ihr akzeptiert das Konzept, ihr glaubt es ... aber ihr seht noch nicht, was es bedeutet. Hier geht es um wahre Alchimie, die nichts mit pastellfarbenen Heiligenbildchen zu tun hat.

Wenn die körperliche Dichte vom rhythmischen Takt des Geistes durchdrungen wird, der einen nach dem anderen ihre Schleier zerreißt, geschieht das nur selten ohne Schmerzen ...

Nicht, weil Schmerz eine Vorbedingung für Wachstum ist, sondern weil die menschliche Seele sich noch in einer

Phase befindet, in der sie sich an nur scheinbar sichere und somit nachgiebige Fixpunkte klammert.

Wenn der Blick des Nous allmählich aufblüht, wird eine andere Polarisierung des Lebensatems eingeleitet. In Begriffen, die vielleicht besser zu euch sprechen, profitiert der gesamte Körper dann von einer anderen Prana-Qualität als der, die bis dahin absorbierbar war und absorbiert wurde.

Chakren und Schwarze Löcher

Versucht, mich hier gut zu verstehen ... Offenkundig atmet ihr durch eure Lunge und eure Haut, aber ohne es zu bemerkten atmet ihr auch durch eure energetischen Zentren, die Chakren.

Weiter dem Gesetz der Analogie folgend lehre ich euch, dass im Kosmos eures Körpers jedes Chakra mit einem Schwarzen Loch vergleichbar ist.

Es ist Ein- und Ausatmer von Energie, eine Kraftzentrale, durch die das Göttliche atmet oder, wenn ihr so wollt, das Leben erfindet mit all den Ideen, die es bevölkern.

Wenn sich ein Chakra entfaltet, beginnt mit ihm eine neue Facette eurer selbst zu pulsieren, die das Lebendige spiegelt und erforscht ...

Wenn daher ein "neues" Chakra seine Matrix sprengt und erstmals seinen Klang ertönen lässt, wird eine wahre Galaxie geboren.

Durch die Geburt dieser Welten wird unweigerlich das Gleichgewicht des Universums, *eures* inneren Universums, neu definiert. Alle eure inneren Sonnensysteme, alle eure Organe und die Planeten, aus denen sie sich bis ins unendlich Kleine zusammensetzen, sind davon betroffen und eingeladen zu wachsen.

Genauer gesagt müssen sie sich zwingend neu aufeinander abstimmen angesichts eines massiven Lichtschubs, einer ungeahnten, strahlenden Qualität von Verständnis und Liebe.

Das Wesen erwacht nun für eine andere Dimension seiner selbst ... Aber während der Graben in seinem Herzen, der es bisher vom Bewusstsein des Göttlichen trennte, kleiner wird, tut sich ein neuer Graben auf: die Konfrontation mit der alten Welt, die es verlassen hat. Dieser Graben ist für die Seele umso schwindelerregender, als der Körper, der sie bisher gestützt hat, jetzt in eine Phase der Schwächung gelangt.

Organ für Organ muss er sich neu anpassen, wie ein Geiger, der sein Instrument neu stimmen muss, bevor er ein großes Werk spielt ... Deshalb stellen sich mitunter unerklärliche Symptome ein, auch Krankheiten treten auf, ultimative Tore, durch die die Reinigung stattfindet.

Die Feuerschlange, die Kobra Shivas, beginnt sich in uns zu häuten, bevor sie sich ganz erhebt und die Flügel ausbreitet. Unter der Einwirkung der neuen überbordenden Lichtquelle treten die feinstofflichen Ströme, Flüsse und Bäche (die Nadis) des menschlichen Körpers allmählich über die Ufer und überfluten die Täler des Wesens.

So werden die Zellen des Organismus von veralteten Erinnerungsreflexen gereinigt und vom neuen Lebenselixier eines ausgedehnteren Geistes genährt.

Ein königlicher Weg?

Gibt es bestimmte Praktiken, mit denen sich das Tor des Nous einfacher oder sogar schneller öffnen lässt? Natürlich gibt es sie ...

Um die Wahrheit zu sagen, eignen sich alle Disziplinen eurer Traditionen, die auf der Meisterung der Atmung oder vielmehr des Atems beruhen, sehr gut als Werkzeug.

Ich nenne hier keine bestimmte, weil sie den wirklich Suchenden alle leicht zugänglich sind und es mir nicht darum geht, Einfluss in Richtung irgendeiner Tradition zu nehmen. Es wurde euch bereits gesagt:

Das Ziel ist auf dem Weg selbst zu finden und in der Freiheit, mit der man ihn zu gehen lernt.

Ich nenne ganz einfach auch deshalb keine bestimmte Tradition, weil keine Methode oder Askese einer anderen eindeutig überlegen ist, in dem Sinne, dass keine die direkte, vollständige und enthusiastische Gesamterfahrung aller Facetten des Lebendigen ersetzen kann.

Mit anderen Worten sind der Reichtum und die Intensität des Lebens selbst die Große Unterweisung.

Nicht selten sieht man Wesen, die ganze Existenzen lang alle möglichen Arten von Askese, Meditation und Gebet praktizieren und doch im Herzen hart geblieben sind, wenn sie vor dem Tor des Heiligen Geistes stehen. Aber warum? Weil im überbordenden Fluss des Lebens keine Liebe erfahren wurde. Weil man geglaubt hat, sie sei nur mit "Ergebenheitsrezepten", konstruierten Gebeten und Kasteiung zugänglich.

Mitfühlende Liebe, Verständnis und Weitsicht, durch die sich das göttliche Lebenselixier auszeichnet, das durch die Öffnung des Nous zu fließen beginnt, sind vor allem Kinder der Freude. Und Freude, vergesst das niemals, findet sich in abertausend Facetten des Lebens.

Sie erstrahlt inmitten der Nichtdualität, wenn die Schätze der Einsamkeit und des Teilens mit allen Lebensformen im Universum in einem göttlichen Brausen miteinander verschmelzen.

Ja, im Brausen der Präsenz im Selbst vereint sich in einer spontanen Oberschwingung, was man für schwer gehalten und was man leicht genannt hat, was man als profan verurteilt und was man mit dem Siegel des Heiligen versehen hat.

Gott, der Geist, der euch überflutet, ohne dass ihr Ihn wahrnehmt, weiß nichts von Begriffen wie heilig oder profan. Er IST ... Das ist alles! Er spricht alle Sprachen auf einmal.

Was man oft nicht einsehen will, ist, dass Er einschneidet, um zu lehren ... und liebkost, um zu prüfen.

Auch wird nicht verstanden, dass Er untrennbar mit uns verbunden ist, denn unser Wachstum spiegelt Seines.

Es ist eine allmähliche Offenbarung in den Weiten des Kosmos.

Auch bedeutet das, was wir Leben und Tod nennen, nichts für den, der für das Bewusstsein des Heiligen Geistes erwacht. Zumindest nichts weiter als die Ausprägung einer Illusion, die uns zwingt, am einigenden Bewusstsein[20] zu arbeiten.

Wenn ihr die tiefe Bedeutung meiner Worte empfangt, erkennt ihr, dass die Wiederkehr der Diener der Engel des Herrn mit dem Anstieg einer revolutionären Kraft in euch einhergeht, die man shivaistisch nennen kann.

Mit dem Feuer, das wir in denjenigen anfachen und begleiten, die sich nach Kräften bereit machen, wirken wir daran mit, dass sich die "Kulisse" des globalen Bewusstseins eurer Menschheit verändert.

Wenn ihr euch von diesem Feuer betroffen und gerufen fühlt, müsst ihr euch darüber im Klaren sein, dass es euch anfangs sehr durcheinanderbringen wird, denn es wird euch in unvorhersehbare Situationen und Gefühls- oder Bewusstseinszustände führen, die völlig destabilisierend sind.

Diese äußeren oder inneren Ereignisse werden oft so unerwartet, verstörend und sogar schmerzhaft sein, dass ihr vielleicht zweifelt, ob dies der richtige Weg für euch ist.

Aber wisst: Das Aufsteigen der supramentalen Kraft im Selbst hat nichts mit Gefühlsduselei zu tun. Sie hüllt das Wesen nicht in Watte und gaukelt ihm keine Engelsvisionen vor. Genau das Gegenteil ist der Fall, solange das Tor noch nicht endgültig aufgestoßen und seine Schwelle noch nicht überschritten wurde.

---

20) Man kann hier nicht umhin, an die Worte Heraklits zu denken, der im antiken Griechenland geradeheraus sagte: "Dionysos, der Gott des Lebens, dem zu Ehren sie rasen und schwärmen, ist ja derselbe wie Hades, der Gott des Todes."

Lügen über Lügen ...

An jedem Tor steht auch ein Wächter ... Dieser hier ist eine Art Zerberus tief aus unserem Inneren, ein Ausreden-Lieferant, Trägheits-Verstärker, Ängste-Beschleuniger und Reflex-Provozierer. Kurz: Es ist *der* Lügner, unsere andere Seite, die uns dazu bringen kann, unsere Vorsätze zu vergessen und in einen gemütlicheren Gang zurückzuschalten.

Wisst ihr, auf das Feuer des Adlers und der Taube muss man seinen ganzen inneren Raum vorbereiten. Man muss den Mut haben zu akzeptieren, dass der Dreizack uns einen Stoß ins Zwerchfell unserer Gewissheiten versetzt.

Ich sage es euch so deutlich wie möglich: *Eine halbe Einladung ist keine Einladung.* Ein Lippenbekenntnis hat weder Herz noch Seele ...

Und *Wen* ladet ihr in Wahrheit ein? Das göttliche Lebenselixier? Den Heiligen Geist? Gott in Seiner Ganzheit? Was für eine Scheinfrage! Natürlich sprecht ihr *euch selbst* die Einladung aus!

Je mehr ihr in euch *den* Blick ruft, ohne ihn krampfhaft definieren zu wollen, umso mehr betretet ihr das Bewusstsein des Nous und umso mehr expandiert das, was ihr Gott nennt, in Seiner Göttlichkeit ...

Sinnt darüber nach.

Und seid euch gewiss, dass diese Präsenz es nicht nötig hat, sich verehren oder anbeten zu lassen.

Ihr seid es - und keine andere Macht -, die durch den Prozess des Erwachens das Bedürfnis nach Verehrung und Gebet habt ... wie ein Bildhauer, der mit seinem Werkzeug einen Marmorblock bearbeiten und polieren möchte. Die

Schönheit des Werks, das erst noch entstehen soll, ist in seiner Matrix schon enthalten.

Gott muss man fürchten, hat man euch immer gesagt? Das ist nicht nur unsinnig, sondern sogar völlig widersinnig und so abscheulich, dass es euch ewig blockieren kann. Warum solltet ihr Angst vor eurem Potenzial zum Aufstieg haben wollen? Schon die reine Vernunft sagt es euch.

Seit Millionen von Jahren ist eure Menschheit in einer selbstzerstörerischen Dynamik gefangen. Ich sagte es bereits: Die genaue Entstehung der Ereignisse, die den Motor ans Laufen gebracht haben, ist nicht von Belang. Es nützt nichts, dagegen anzukämpfen. Man muss ihn nur nicht weiter befeuern und die bisherige Irrfahrt "recyceln", um den Brennstoff für ein neues Verständnis daraus zu machen. Wir sind gekommen, um über geistige und zelluläre Entgiftung zu euch zu sprechen.

Ich verweise auf den zellulären Aspekt dieses Prozesses. Viele von euch wurden mit einer Aussage formatiert (der Ausdruck ist treffend), die angeblich aus dem Munde Christi stammt: "Mein Reich ist nicht von dieser Welt."

Diese Worte hat man euch immer so erklärt, dass sie die Zurückweisung des materiellen Universums zum Ausdruck bringen. Aber versteht ihr, dass man mit dieser Behauptung die Prinzipien der Trennung und Dualität nur noch weiter in eurem Bewusstsein verankert hat?

In Wirklichkeit hat man radikalen Verrat am einenden, liebevollen Denken des Lehrenden begangen, denn eigentlich besagte es: "Meine Art zu sein ist der derzeitigen

Schwingungsordnung dieser Welt fremd." Nicht Materie und Form werden also verurteilt, sondern das, was das Wesen ihnen aufprägt, was es Kleines und Begrenztes daraus macht.

Ich sage es noch einmal: Jeder Baum braucht Wurzeln, und jede Wurzel braucht Erde, also ein Element der Dichte. Natürlich *besudelt man die Dichte, wenn man selbst unwürdig und unreif ist*, mit anderen Worten: Wenn man sich von der Quelle trennt. Und wisst: Es gibt etliche Methoden, sich von der Quelle zu trennen.

Die erste Methode besteht ganz einfach darin, sie zu leugnen. Es ist die primitivste, aber auch die ehrlichste Methode. Die anderen sind wesentlich stärker, weil widernatürlicher; sie bestehen darin, die Quelle umzuleiten, den Zugang zu ihr zu untersagen, sie durch Dämme aufzuhalten und natürlich, ihr menschliche Färbungen und Aromen zu geben.

Warum all der Aufwand, der oft auch noch gelehrt daherkommt? Um Macht über das Bewusstsein zu erlangen und die Vorherrschaft über eine Weltordnung auszuüben, die Sicherheit verleiht.

Ihr werdet mich fragen: "Und woher kommt dieses Bedürfnis nach Macht und Vorherrschaft?" Es ist der verletzte Stolz, den man wie einen großen Fluss überwinden und heilen lernen muss. Und schließlich die Angst vor der Unendlichkeit wahrer Freiheit.

Hört gut zu: Der Heilige Geist gleicht einem Lavastrom, der dem Ruf der Sonne folgend aus den Tiefen emporsteigt. Auf seinem Weg brennt er alles nieder und verändert auf ewig die Landschaft ...

Man glaubt, den Tod zu sehen, aber in Wahrheit wird nur die Seite einer alten Welt umgeblättert.

Aus der Begegnung von Lava und Erde entsteht fruchtbare Erde, schwarz wie der Grundstoff der Alchimisten. Indem sie sich in einen tiefgreifenden Wandel begibt, akzeptiert sie eine Form von Verwesung, um in die gleißenden Höhen des Bewusstseins-Rubins emporzusteigen.

So verwandelt sich die Materie, aber reißt sie bei ihrem Aufstieg nicht auch den Geist mit sich, der diesen Aufstieg veranlasst hat - den Großen Alchimisten? Das ist eines der Geheimnisse, die es zu verinnerlichen gilt ...

Das Lebenselixier Shivas

Fürchtet also nicht das Aufsteigen des Lebenselixiers ... Es ruft in euch nach der Vereinigung von Parvati[21] und Shiva. Warum fürchtet ihr es überhaupt? Man fürchtet doch nur, was Gehorsam einfordert und zu Bestrafung fähig ist. Wer fordert denn wirklich Gehorsam ein und hat Freude an Bestrafung? Die Masken der menschlichen Persönlichkeiten auf ihrer Irrfahrt durch die Zeit, die wechselseitigen Schreie der Egos, die sich hoffnungslos ineinander verkeilen!

Wenn ihr euch in dieser Morgendämmerung vom Göttlichen verurteilt, getadelt und bestraft fühlt, dann ist das nur die Folge eurer Selbstbestrafung und Selbstgeißelung.

21) Parvati: weiblicher Gegenpart von Shiva in der hinduistischen Tradition

Sobald ihr lernt, mit der Wirklichkeit zu leben, eins mit Gott zu sein, welchen Namen ihr ihm auch gebt, dann täuscht und fürchtet sich nichts mehr in euch ... denn *alles* ist dort in seiner ewig vervollkommnungsfähigen Vollkommenheit.

So spricht das Bewusstsein des Nous durch die Diener der Engel des Herrn ...

Die Fortführungen Gottes

Im selben Moment, in dem diese Worte aus meiner Seele sprudeln, erkenne ich ihre illusorische Seite, ihre Absurdität, ja sogar ihren trügerischen Schein. Warum auch über die Fortführungen des Göttlichen sprechen, wo doch im Grunde alles, ob man will oder nicht, auf Seine Natur zurückzuführen und alles Es ist?

Und doch wage ich, wagen wir diese Worte, denn das Spiel der Illusion zu akzeptieren, bedeutet auch, der Weisheit Nahrung zu geben, die es ermöglicht, die Dualität zu überwinden ... und ihr dabei auch noch ein Lächeln zu schenken.

Eines muss man absolut verstehen: Sobald ein Teil von uns sich dem Prinzip der Getrenntheit in ihren unvermeidlichen Manifestationen widersetzt, stolpert er genau in die Falle dieser Getrenntheit.

Zu verstehen bedeutet, von innen heraus eine Wirklichkeit zu leben. Es bedeutet vor allem nicht, sie zu zerpflücken!

Fortzuführen bedeutet nicht zu trennen, sondern Expansion zu erleichtern. Es bedeutet *Sein*, in dem Sinne, dass das Feuer im Selbst die Erfindung des Lebens weiterführen will, mit anderen Worten Gott fortdauern lassen will.

All das führt mich nun dazu, zu euch über die Mittler der göttlichen Präsenz zu sprechen. Jeder weiß: Die Farben eines Prismas sind Mittler, die bewirken, dass Licht verstanden und übersetzt wird.

Entsprechend sucht das Göttliche euch auf und ruft Sich euch in Erinnerung in Form eines Weges und einer Färbung, die euer Wesen erkennen und in sich aufnehmen kann.

Hierzu erzeugen die aus Seinem Bewusstseinsfeld hervorgegangenen Sonnen spontan etwas, das zu Recht "Vertretungen" genannt wird. In eurer gesamten Seelengeschichte spielen diese Vertretungen die Rolle von Antennen. Außerdem sind sie Gedächtnis-Wächter.

Ja ... eine Idee, die aus einer Idee geboren wurde, welche selbst wiederum aus einer Idee hervorgegangen ist und so weiter in einer langen Entwicklung, vergisst leicht *Das*, was an ihrer Quelle ist und durch sie hindurchdringt. Oft braucht sie Erinnerungen daran.

Diese lassen sich in zwei Arten unterteilen: *Wir nennen sie "göttliche Mittler" und "Mittler des Göttlichen".*

Die göttlichen Mittler

Aus unserer Warte sind die göttlichen Mittler direkte Emanationen des Bewusstseinsfeldes Gottes, das heilige, spürbare Durchsickern Seiner Präsenz innerhalb des von uns Fassbaren. Ihre Namen haben wir schon genannt. Es sind die Avatare und Aufgestiegenen Meister, die regelmäßig den Gang eurer Menschheiten und Zivilisationen prägen.

Wie kann man sie voneinander unterscheiden? Das ist ganz einfach ...

Unter den Aufgestiegenen Meistern sind Avatare diejenigen, die mit einer Aufgabe von planetarischer, solarer oder galaktischer Tragweite betraut sind. Von ihnen existieren mehrere Arten, je nachdem, was die Evolution einer Menschheit zu einem bestimmten Zeitpunkt in ihrer Geschichte erfordert.

Avatare sind mehr als direkte Kommunikationsleitungen zu den Ausdrucksebenen Gottes, wie wir sie schon besprochen haben. Sie sind als Verdichtungen Seiner Energie zu verstehen, zumindest in den Jahren, in denen sie von Ihr[22] besetzt werden.

Ein Aufgestiegener Meister wird dann zum Avatar, wenn er an einem bestimmten Ereignis in seinem Leben plötzlich von einem Bewusstseinsfeld bewohnt wird, das seine Persönlichkeit als Meister übersteigt, und es ihm infolgedessen gelingt, ohne eine Spur von Ego im Namen des Göttlichen zu sprechen. Dann verkündet er: *"Ich Bin" ... einfach, weil Er Ist, und erkennt sich als Diamant, über den Raum und Zeit nur scheinbar Macht haben.* Zwar kann er Gefühle empfinden, leiden und altern - denn eine Welt zu lieben bedeutet, ihre Zwänge zu akzeptieren –, aber er durchlebt alles mit so unerschütterlicher Freude und Willenskraft, dass er die Ordnung der Dinge radikal durcheinanderbringt.

Alle Aufgestiegenen Meister haben irgendwann auf ihrer Reise die Gelegenheit, mit der Aufgabe eines Avatars betraut zu werden.

---

22) Siehe Seite 46.

Jede Aufgabe hat ihre Besonderheit. Sie kann eine Rasse mehr betreffen als eine andere, je nach den karmischen Notwendigkeiten, dem kollektiven genetischen Hintergrund, zellulären Erinnerungen und dem Sensitivitätsspektrum. Eine Aufgabe kann natürlich auch an ein menschliches Volk insgesamt gerichtet sein.

Letztendlich ist es der "Duft von Seele und Geist" eines Aufgestiegenen Meisters, der ihn für eine Aufgabe mehr prädestiniert als für eine andere.

Die Aufgabe des Avatars

Wahrscheinlich fragt ihr euch nun, *Wer* ihm denn diese Aufgabe erteilt ... Darauf antworte ich euch natürlich nicht banal: "Gott", denn Gott ist niemand Bestimmtes. Ich sage euch, dass der Meister seine Expansionswelle von *der* oder *den* ihm vorgelagerten solaren Quellen erhält, also entweder vom Zentralkern des Planeten, vom Christus (oder großen Buddha) des Sonnensystems oder vom galaktischen Logos.

Dann vermählen sich das Menschliche und das Göttliche so in ihm, dass seine Worte und Handlungen rätselhaft machtvoll werden. Daher ist seine Präsenz voll und ganz dem Lebendigen gewidmet, also der Bewegung des durch den Kosmos expandierenden Geistes.

Als inkarniertes Wesen kann er weder Freund noch Feind haben, da für ihn beide Wirklichkeiten auf der Persönlichkeitsebene zu "menschlich" sind, um sich angemessen in der Welt, die ihn aufnimmt, zum Ausdruck zu bringen.

Das Spiel des Avatars

Aber merkt euch: Auch wenn er von einer unfassbaren, lichtvollen Macht bewohnt ist, spielt der Avatar auch eine Rolle im theatralischen Sinne des Begriffs, von der er sich aber natürlich nicht täuschen lässt.

Er spielt das feierliche Spiel desjenigen, der weiß, dass er bald vergöttlicht werden wird und eine Menschheit, mit der er in Liebe verbunden war, ihm einen besonderen Platz zuweisen wird.

Die menschliche Welt braucht Bezugspunkte, Modelle, die sich festlegen lassen. Das bleibt dem Avatar nicht verborgen, sodass er sich eine irdische Persönlichkeit bewahrt, um nicht zu sehr durch "Unmenschlichkeit" aufzufallen.

Im Übrigen muss man verstehen, dass es im Leben eines Avatars Momente gibt, die heiliger sind als andere, besondere Momente, in denen das Göttliche ihn noch eindringlicher besetzt und die Welle, die ihn umfängt, noch intensiver wird.

Das bedeutet nicht, dass er dann in der Materie weniger präsent ist. Im Gegenteil kann es sogar sein, dass er ihren heiligen Aspekt und ihre lehrende Rolle dann noch mehr zu schätzen weiß.

Je mehr ein Aufgestiegener Meister und ein Avatar bewusste Kanäle des Göttlichen sind, umso mehr sind sie im Augenblick präsent und widmen sich ganz und gar jenen, die sie mit kleinsten Gesten unterweisen. Ihre scheinbare "Abwesenheit" bedeutet oft sehr konkrete Arbeit.

Die Göttlichkeits-Aspiranten

Wahrscheinlich findet ihr all das schwierig zu begreifen und befremdlich für euren Verstand, der im Dickicht der Worte und Konzepte umhertastet und sucht ... Und doch! Die Männer und Frauen, die diesen Bewusstseinszustand erreichen, sind ein Teil eurer Familie. Sie entstammen derselben Schöpfungswelle wie ihr.

Ihr könnt nicht nur danach streben zu werden, was sie sind, sondern ihr müsst es sogar.

Es ist keine Anmaßung, diesen Wunsch ins Unendliche zu senden. Vielmehr ist es sogar ein Zeichen für die Klarheit und Öffnung eures Herzens für sein rechtmäßiges Erbe.

Nehmt also euren wahren Platz ein! Macht euch nicht bescheidener, aber auch nicht weiser als ihr seid. Ihr könnt vielleicht alle "Passanten" täuschen, die eure Existenzen kreuzen, aber euer eigenes Leben könnt ihr nicht belügen.

Ihr seid - wir sind - Göttlichkeits-Aspiranten ... und das ist etwas Wunderbares.

Der Widersinn von Spiritualität

In Wahrheit ist das Erleben der Avatare und Aufgestiegenen Meister wesentlich greifbarer und freudvoller als das, was die Menschheit sich allgemein darunter vorstellt.

Es heißt, die Verschmelzung mit dem Bewusstseinsfeld des Geistes könne nur durch Enthaltsamkeit und Verzicht auf alles verwirklicht und aufrechterhalten werden ...

Ist es also verwunderlich, wenn das, was ich naiv *Zeltlager Gottes* nenne, so spärlich besucht ist?

Wenn viele eurer Priester einem Requiem gleich mechanisch "Freuet euch, meine Brüder" verkünden, dann stellen sie damit ihre mangelnde Erfahrung und Ungereimtheiten unter Beweis und pflegen einen tragischen Widersinn.

Wahre Verbundenheit mit Gott bedeutet weder Büßerhemd noch Tränen noch alles, was irgendwie Ähnlichkeit mit Frustration hat. Es ist sinnlos, "Freuet euch" zu verkünden, wenn man Tausende Jahre Schuld, Betrübnis und Dualität mit sich herumträgt ...

Gott ist zuallererst Das, was lebt. So mindert alles, was Ihn Seines Ausdrucks beraubt, zwangsläufig Sein Wirken in jedem Einzelnen.

Die Wahrheitssucher, also alle Friedens- und damit Glücksstifter, träumen von der traditionellen mystischen Ekstase, einem Zustand der Glückseligkeit oder des Samadhi, in dem das Bewusstsein in ein Meer unsagbaren Glücks eintaucht. Leider kursieren auch hier viele falsche Vorstellungen ... Allgemein sind sie durch eine auf Religionen basierende alte Moral verzerrt, die nicht viel mit der wahren Suche nach dem Selbst zu tun hat. Denn der Geist ist völlig jenseits von religiöser Moral, Dogmen, Konventionen und vorgefertigten Bildern!

Was die Aspiranten für die Expansion des Bewusstseins so wenig zahlreich und aktiv macht, ist das triste, strenge Bild, das man sich fast immer vom spirituellen Bekenntnis macht.

Der göttliche Orgasmus

Nur allzu leicht stellt man sich vor, der Weg, der geradewegs zum Göttlichen führt, sei langweilig und das müsse auch so sein. Entsprechend glaubt man auch, die Meister der Weisheit und größten Mystiker seien zu Selbstkasteiung und Askese gezwungen. Das ist ein Irrtum!

Wenn einige diesen Weg eingeschlagen haben (wie übrigens jedes menschliche Wesen irgendwann einmal in seiner Geschichte), dann sind sie alle mit einem vereinfachenden Geistesblitz daraus hervorgegangen. Vor allem das Beispiel des Gautama Buddha lehrt das.

Wenn sie die mystische Ekstase entdecken, erfahren Meister und Weise wahren Genuss. Sie wissen, dass "Nähe zu Gott" sich nicht auf Leid reimen muss ... Welchen Sinn hätte es sonst auch, diese Nähe zu suchen?

Und damit man hier ja nichts falsch versteht ... Bei ihrem Genuss wird nichts außen vor gelassen. Körper, Seele und Geist haben vollständig daran teil.

Es ist ein Zustand, der mit einem himmlischen Super-Orgasmus vergleichbar ist. Auf die Gefahr hin, manche zu schockieren, erkläre ich, dass der dauerhafte Orgasmus das Lebensziel des Geistes ist. Er transzendiert das Wesen.

Dieses Stadium des göttlichen Bewusstseins, nach dem wir streben, entsteht aus einer grandiosen Explosion aller unserer seelischen Zentren. Sie reißen alle Manifestationsstufen des Lebens mit sich. Milliarden von Mikroblitzen vergöttlichen den Körper in dem Maße, wie sich der Geist Seiner Wohnstatt nähert. In der Vereinigung berühren beide die Wirklichkeiten der Nicht-Getrenntheit.

Wohlgemerkt verwende ich hier bewusst das Wort "berühren". Damit möchte ich begreiflich machen, dass an dieser Erfahrung (die zu einem Zustand wird) nichts Unklares ist, im Gegenteil ist sie überaus greifbar und sinnlich im besten Sinne des Wortes. Denn Dichte und Feinstofflichkeit werden bedeutungslos, wenn der Traum des Lebens sich seinem Sender-Empfänger nähert ...

Der Meister, der in euch schläft - der Meister, der seine Identität noch nicht kennt - weiß, dass Gott mit einem Doppelgeschlecht, weiblich und männlich, vergleichbar ist. Er weiß auch, dass Er im dauerhaften Orgasmus mit Seiner Schöpfung lebt und, wenn dem nicht so wäre, *nichts* wäre.

Was für ein Kontrast zur brachialen Dualität, die systematisch alles Sexuelle mit dem Verfall des Wesens assoziiert!

Aber sagt mir, wer kann das Leben besudeln, es vom Weg abbringen und das vollkommene Lied Gottes stören? Nichts und niemand ... es sei denn ein Bewusstseinszustand, der in Gegensätzlichkeit und Trennung lebt.

Hoch und Tief sind in Wahrheit Erfindungen des großen Traums des Lebens. Nicht dieser Traum interessiert und motiviert das Feuer in uns ... sondern der Träumer Selbst ... Gott!

Alles von eurem Denken und Tun erlebt gleichzeitig auch Er, denn Er ist untrennbar mit euch verbunden, genauso wie ihr untrennbar mit Seiner Präsenz verbunden seid. Euch zu wehren, nützt euch also nichts! Leugnet es, so oft ihr wollt, aber Er führt euch zur Verwirklichung und zum Aufstieg.

Verwirklichung und Aufstieg

Wollen wir hier kurz innehalten und näher auf diese Begriffe eingehen? Sie bedürfen einer Erklärung, da sie für zwei verschiedene Konzepte stehen.

Ein Verwirklichter ist ein Wesen, das vollkommenen Frieden und vollkommene Freude in sich hergestellt hat. Auch ist es ihm gelungen, einen einigenden Strom des Lebens zwischen Körper, Seele und Geist zum Fließen zu bringen. So hat er sich von seinen karmischen Fesseln befreit und wird absolut und bewusst zum Meister seines Weges. Meistens entscheidet er sich dafür, diesen Weg in der Dichte der Welt zu gehen, um die Menschheit aufzuklären, aus der er hervorgegangen ist.

Ein Aufgestiegener wiederum ist ein Verwirklichter, dem es gelungen ist, seine Verschmelzung mit dem Göttlichen weiter zu vervollkommnen. Das Dichte-"Problem" des physischen Körpers, das damit einhergeht, eine Aufgabe des Erwachens zu erfüllen, stellt sich für ihn nicht mehr. Seine Zellen sind so von Licht erfüllt, dass er nicht mehr zum physischen Tod gezwungen ist, um durch die Jahrhunderte zu reisen und von einer Welt zur nächsten zu wechseln. Sein Körper ist Geist, und sein Geist durchtränkt seinen Körper.

Es versteht sich von selbst, dass solche Wesen über Zeit und Raum lachen. Ihr geschlechterbezogenes Erscheinungsbild nehmen sie nur je nachdem an, was die Zyklen der Welten erfordern, zu deren Anleitung sie sich verpflichtet haben.

An dieser Stelle möchten die Diener der Engel des Herrn euch auf etwas aufmerksam machen: Wenn ihr das Wort "Meister" hört, denkt ihr sofort und quasi automatisch an eine männliche Präsenz. Von dieser Konditionierung müsst ihr euch befreien.

Der göttliche Geist setzt je nach den Bewegungen des großen Pendels und seinen inneren Spiralen Masken auf. Er macht sich zum Schauspieler mit tausend Gesichtern, bevorzugt aber *niemals* irgendeines davon.

Seid euch deshalb gewiss, dass es genauso viele verwirklichte und aufgestiegene Frauen wie Männer gibt und sie alle im Herzen bereits die Geschlechtslosigkeit leben.

Sie alle haben die Eigenschaften des wunderbaren kosmischen "Akkus" verinnerlicht und manifestieren nach Belieben die sich ergänzenden Polaritäten der göttlichen Atmung.

Vater, Mutter, Sohn, Tochter, Götter und Göttinnen, alle diese Erscheinungsbilder werfen euch auf euch selbst zurück. Sie stillen immer wieder neu euren Durst ... bis zum Tag, an dem der wahre Durst euch zum einzigen Ozean ruft.

Die Mittler des Göttlichen

Was sind nun die Mittler des Göttlichen? Es sind Knotenpunkte, die aus der Vereinigung des Denkens aller Aufgestiegenen Meister hervorgehen. Ich könnte auch sagen, dass sie die Chakren eines Planeten sind. Diese Kraftzentren entstehen aus der Herzensverbindung zwischen diesen Wesen und der göttlichen Präsenz im Sonnenkern des jeweiligen Planeten. Es sind Projektionen, Emanationen *Dessen*, das in ihnen wohnt.

Aber was genau wohnt in ihnen?, werdet ihr mich fragen. Ganz sicher keine diffuse Liebe oder der simple menschliche Wunsch, Entdecktes zu teilen. In ihnen wohnt die klare Vision des Expansionsplans des Bewusstseins im Kosmos. Es ist die aktive, helle Freude, voll und ganz am Traum der Rückkehr zur Einheit teilzuhaben.

Versteht, dass man hier fast unmöglich genauer sein kann, weil wir hier an geistigen Zuständen rühren, die der menschlichen Sprache unbekannt sind, da es keine geeigneten Konzepte dafür gibt.

Um hier weiter zu gehen, müssten in der Seele andere Fenster geöffnet sein.

Vision des Expansionsplans ist wohl der passendste Ausdruck, um zu vermitteln, worum es geht ... wenn das Wort Vision nicht nebulös für euch klingt.

Ich meine hier eine supraluzide Vision des Bewusstseins, das fähig wird, den ganzen Weg zu erfassen, bis hin zur ultimativen Vergöttlichung dessen, das in ihm das Leben erfindet.

Ich meine die Wahrnehmung dieses Weges, der zugleich auch ein Nicht-Weg ist, da sich auf ihm Raum und Zeit zu einem ultimativen Punkt der Glückseligkeit verdichten.

Nochmals, versucht nicht, es intellektuell zu verstehen. Meine Worte sind nicht dafür gedacht, genau abgegrenzt zu werden. Nehmt vielmehr ihren Duft wahr und lasst ihn euch umhüllen. Schon bald werdet ihr davon erfüllt sein und wird euch ihr Sinn aufgehen. Die schönsten Schleier lassen sich einfach zerreißen, sodass man vergisst, dass sie jemals da waren.

So erweist sich die Illusion der Zeit, die durch uns wirkt, oft als wunderbares Werkzeug. Aber kommen wir wieder auf die Mittler des Göttlichen zurück ...

Vom Shambhala zum Eldorado

Es gibt zwei Mittler auf diesem Planeten, die man als bedeutsam bezeichnen kann, auch wenn auch noch andere eine große Rolle spielen. Einer liegt im Himalaya, der andere in den Anden, in zwei geografischen Gebieten, die dem Menschen nicht leicht zugänglich sind. Ihre energetischen Eigenschaften machen sie zu natürlichen Kommunikationsportalen, die zu anderen Ebenen des Lebens führen. Auch dienen sie den Aufgestiegenen Meistern als spontane Schleusen, um andere Wirklichkeiten keimen zu lassen, die sie in sich tragen und das Göttliche widerspiegeln.

Wie alles, was ist, haben diese Gebiete zugleich eine physische Existenz und eine, oder ich sollte sagen mehrere, feinstoffliche Entsprechungen. Ihr kennt sie unter den mittlerweile klassischen Namen Shambhala im Orient und Eldorado im Okzident.

Jenseits von Mythos und Legende sind ihre Welten Vertretungen der göttlichen Welle auf Erden. In diesem Sinne muss ich davon zu euch sprechen und weil das Volk, in dessen Namen ich spreche, Zugang zu ihnen hat. Es steuert seinen Teil zu ihnen bei und profitiert im Gegenzug von ihnen. Es ist immer ein Geben und Nehmen, nicht wahr?

Wollen wir über den Plan Gottes auf Erden sprechen? Nun, dann folgt mir zum Eldorado und zum Shambhala, zwei Gesichtern derselben Wirklichkeit des Lichtes, das auf seine Befreiung wartet.

Diese genannten Gebiete sind auf die Seele eures Planeten bezogen analog zum achten Chakra, das sich in der menschlichen Aura im Keimungsstadium befindet. Gegenwärtig kann man sie mit leuchtenden, gleißenden Protuberanzen im Strahlen eurer Welt vergleichen. Sie versprechen die Öffnung eurer Welt hin zu einer anderen Art der Erkundung des Lebens. Durch sie spornt die Präsenz des galaktischen Logos geduldig alle an, die "nach etwas Größerem" streben.

Ihr versteht, dass ich nicht "nach Liebe" sage, denn leider gibt es Wörter mit Verschleißerscheinungen. Liebe ist eines davon; völlig seiner eigentlichen Bedeutung beraubt, ist es zum Allerweltswort geworden, das gegensätzlichste Strömungen gerne für sich beanspruchen. Es ist eine Art Wahlargument, das bei jeder sich bietenden Gelegenheit hervorgekramt wird ...

Wer kann denn schon etwas gegen Liebe haben, nicht wahr? Selbst Despoten berufen sich auf sie, um sinnloseste

Taten damit zu rechtfertigen! Ja, die Liebe ist das Bild, das man sich von Gott macht ... Er hat "breite Schultern", ein Gesicht, das man ihm gerne gibt (oder fähig ist, ihm zu geben), und er spricht immer die Sprache, die uns passt, also unsere eigene!

Wenn wir nun auf die beiden leuchtenden Projektionen zurückkommen, die vom Shambhala und vom Eldorado an der Oberfläche der planetaren Aura erzeugt werden, kann man nicht umhin, an ein Paar ausgebreiteter Flügel zu denken ... die Flügel des Heiligen Geistes, halb Taube, halb Adler. Nimmt man nun noch die Strahlen der Zentralsonne dazu, die durch die geografischen Pole brechen, dann hat man ein schon erwähntes Gesamtbild, nämlich den Dreizack Shivas.

Die Türhüter

Macht euch einmal die Mühe, euch mit geschlossenen Augen diese feinstoffliche Wirklichkeit vorzustellen, dann versteht ihr, wie unsere Welt gesät wird.

Ich weiß ... natürlich werdet ihr mir entgegnen, dass der Geist dort nichts zu sagen hat, aber weit gefehlt! Ich für meinen Teil sage euch, dass Seine Präsenz die Urkräfte der Gegensätze, also der Getrenntheit, erst entfesselt. Ihr wisst es aus eigener Erfahrung: Starkes Licht erzeugt unweigerlich einen proportionalen Schatten.

So ist jede Türöffnung im individuellen oder kollektiven Bewusstsein zwangsläufig vom Auftauchen ihrer Dämonen begleitet. Man könnte auch sagen: von ihren "Türhütern".

Seid euch gewiss: In Wirklichkeit sind sie weder gut noch schlecht, trotz der Angst, der Unordnung und dem Leid, die sie immer wieder erzeugen. Sie sind Tests, Prüfungen, die allein das Bewusstsein stellt, keine höhere Instanz außerhalb von ihm.

Wenn der göttliche Geist weht, streicht uns keine Brise übers Gesicht, sondern es ist ein Tornado, der zur Aufgabe hat, alles umzustürzen, was nicht wahr oder standfest ist.

Wundert euch also nicht, wenn die meisten Bewegungen, die euren Planeten erschüttern, die Zustimmung des Shambhala oder Eldorado haben. Und wundert euch auch nicht, wenn diese beiden Welten manchmal sogar der Ursprung eurer Umwälzungen sind. Es ist nicht verboten, sich ihre Wirklichkeit wie zwei Gehirnhälften vorzustellen, mit dem Ziel, die Grundlagen eines symbiotischen Gleichgewichts zu schaffen.

Die Polaritäten der Welten des Aufstiegs

In Wahrheit sind Eldorado und Shambhala dieselbe Wirklichkeit, die sich in zwei Polaritäten ausdrückt. Die erste ist weiblich, die zweite männlich. Schließt aber nun nicht daraus, dass das feinstoffliche Tor in den Anden aufgestiegene Frauen anzieht und das andere im Himalaya für Männer reserviert ist! Wir sind weder in einer Kirche noch in einem Tempel und auch nicht in einem Ashram, wo man die Nähe der "anderen Polarität" fürchtet, von der es traditionell heißt, sie lenke uns von uns selbst ab.

Das aufgestiegene Wesen hat genau deshalb den Aufstieg vollzogen, weil es jede Vorstellung von Grenzen überwunden hat.

Die Bruderschaften des Lichtes, wie sie in einigen Werken beschrieben werden, lassen nur allzu oft eine Form von Sektierertum erkennen, das so zwar nicht heißt, aber wo die Meister und - Meisterinnen? - in geschlossenen Einrichtungen leben, unter sich, ohne sich zu "vermischen" und mit einer fast klösterlichen Disziplin.

Wo sind göttliche Freude und Einheit in diesem Verständnis der aufgestiegenen Welten? Es ist an der Zeit, an alten Denkschemata zu rütteln!

Die unfassbare Macht, die wir Gott nennen, erbaut keine Kapellen. Sobald eine Mauer errichtet, der kleinste Zaun hochgezogen, eine Tür geschlossen und ein Verbot erlassen wird, seht das als Spur einer menschlichen Präsenz, die noch nicht erwachsen geworden ist.

Barrikaden und Vorschriften haben nur Unreifen gegenüber eine Daseinsberechtigung. Was *die* Gesetze betrifft, gehören sie der göttlichen Ordnung an, einem unendlich liebenden kosmischen Gefüge, das letztendlich immer dem am höchsten verwirklichten Meister vorangeht.

Wer ist eingeladen?

Stellt euch im jetzt beginnenden Zeitalter darauf ein, dass sich immer mehr der weibliche Aspekt der Meisterschaft manifestieren wird, denn es wäre ein Irrtum zu glauben, die derzeitige irdische Menschheit hätte schon einen Punkt des vollkommenden Gleichgewichts erreicht.

Bei einer exponentiellen Anzahl von euch tritt das Nous schon spürbar in Erscheinung, betrifft aber noch nicht die große Mehrheit. Natürlich ist uns das Prinzip der sogenannten kritischen Masse nicht unbekannt, demzufolge eure Welt an einem Punkt plötzlich fähig sein soll, "das Ruder herumzureißen" und glücklich zur Eintracht umzuschwenken.

Ein solcher Quantensprung ist eine mögliche Wirklichkeit und sogar ein Ziel, das man unverzüglich anstreben sollte.

Nur stellen wir euch folgende Frage: Ist es vernünftigerweise vorstellbar, dass dieser Quantensprung eure gesamte derzeitige Menschheit betreffen würde?

Der Gnadenzustand, den das Bewusstsein bei seiner Entfaltung schenkt, lässt sich nicht von außen verordnen, auch nicht mit der hingebungsvollsten, mitfühlendsten Haltung des größten Meisters.

Er gedeiht im Inneren jedes Einzelnen; er legt sich nicht von außen über das Wesen wie ein hübsches Kleidungsstück, das körperliche Makel verschleiert.

So kann das Strahlen des Shambhala und des Eldorado *nur* diejenigen revolutionieren, die entschlossen den Zünder ihres Herzens betätigen. Jeder kann sich jederzeit von einer Welle der Erneuerung davontragen lassen, wenn sie stark genug ist. Sie wird allerdings nicht mehr Wirkung haben als eine flüchtige Modeerscheinung, wenn die Veränderung so oberflächlich ist wie der Neuanstrich eines Hauses, zu dem man keinen Schlüssel hat.

Auch wenn alle Lebensformen zu diesem großen Quantensprung eingeladen sind, werden ihn nicht alle auf dieselbe Weise oder in derselben Intensität erleben.

Eine Verwandlung ist etwas anderes als eine einfache Transformation. Sie betrifft die Essenz der Zelle ... dringt also bis zur Wurzel der Materie und ihrer Verhaltensmuster vor.

Glaubt nicht, ihr wärt in diesem Prozess frei von Verantwortung, im Gegenteil! Die Mittler des Göttlichen auf Erden sind noch nie Maschinen gewesen, die das Licht des Erwachens weiterverteilen, und werden das auch niemals sein. Der Wille zu lieben und die Liebe selbst lassen sich nicht gewaltsam einhämmern.

Die erste Aufgabe der Welten des Shambhala und Eldorado ist es, euch anzuregen, damit ihr selbst anregt. Sie haben also keinen wie auch immer gearteten Kreuzzug im Sinn. Wisst ihr, ein Mittler ist zuerst einmal ein Verteileranschluss, der jedem die Freiheit über seine Fahrtroute, seine Initiativen und seine Herausforderungen lässt.

Deshalb ist er auch so oft leise oder gar stumm. Er versucht niemanden von irgendetwas zu überzeugen. Er ist sehr subtil und stellt eher Fragen als Antworten zu geben.

Die wahren Antworten auf das Mysterium des Göttlichen kann sich tatsächlich jeder selbst geben, wenn er den Mut hat, die wahren Fragen zu stellen.

Jede bewusste Lebensform hat die Verantwortung, ihren eigenen Shambhala oder ihr persönliches Eldorado in sich zu erschaffen, also zu bewirken, dass ihr *Atman* (ihr Geist) bis zu ihren Fußsohlen hinabreicht und sie so ausrichtet, dass ein irdisches Netzwerk des Herzens entsteht.

Wenn man weiter über die letztendliche Rolle der beiden großen Mittler des Göttlichen nachsinnt, kommt man zu dem Schluss, dass sie gemeinsam auf die Entfaltung einer dritten Macht hinwirken. Diese entsteht allmählich aus dem ungreifbaren Netzwerk derer, die bewusst oder unbewusst wie wirkliche "Liebes-Aspiranten" handeln.

Ich spreche hier von der anonymen Präsenz derer, die, oft unbewusst, Friedensstifter sind. Jeder Geist oder, wenn ihr so wollt, jeder Atman ist ein Mittler des Göttlichen bis hin zum Keim-Atom, das in jedem Körper von Geburt an angelegt ist.

Genau auf dieses Netzwerk zählen wir mehr als je zuvor. Es besteht nur aus Sonnen, da jeder Geist mit seinem unendlichen Potenzial eine Sonne ist. Jedes sich seiner selbst bewusste Wesen hat die Aufgabe, sein eigenes "Neues Jerusalem" zu erschaffen und es wie einen Bauabschnitt des göttlichen "Alles" zu gestalten.

Ja, ihr habt verstanden, was ich zwischen den Zeilen versuche euch nicht zu sagen, sondern zu lehren, euch also innerlich spüren zu lassen:

Was wir Gott nennen, ist eine gewaltige Macht der Liebe, die mit dem steigenden Rhythmus unserer Atmans und ihrer Vereinigung weiter wächst. Gott ist die ultimative, aber immer im Zustand der Entwicklung begriffene Wirklichkeit, die wir bei jedem Schritt erschaffen, den wir hin zu einem "Immer größer" wagen.

Unser dichter Körper ist Ausdruck Seiner künstlerischen Hände, unser Herz eine Parzelle Seiner Seele, die kunstvoll immer neu erfindet, und unser Geist ein Funken auf dem Weg zurück zu Seiner Feuersbrunst.

Wenn Körper, Seele und Geist sich zu Ihm hinwenden, werden sie zu Seinen perfekten Mittlern, weil sie miteinander im Einklang und zielgerichtet sind.

Deshalb kann man sie mit Antikörpern vergleichen, die die Infektion im kranken Organismus der Menschheit bekämpfen. Genauer müsste ich aber sagen, dass sie wie "Probiotika" wirken, die erschöpftes Leben regenerieren.

Geistgefährten

Wisst ihr, dass es wie Seelengefährten auch Geistgefährten gibt? Sie sind Kinder derselben großen göttlichen Idee.

Auch wenn sie sich trennen müssen, um durch ewige Zeiten hindurch zu leben, zu erfinden und zu wachsen, werden sie sich ihrer Farbe entsprechend am Tag des Ewigen wiedervereinen. Sie sind Finger derselben Hand, die nach dem Einüben der Tonleitern ihren Teil derselben Melodie auf derselben Tastatur spielen werden.

Wenn ihr also Leben für Leben mit der Suche nach eurem Seelengefährten verbringt (diesem anderen Ihr, mit dem ihr zu einem einzigen Geist verschmelzen werdet, der beide Polaritäten des Lebens umfasst), dann seid ihr einfach noch am Anfang der fabelhaften Symphonie des Seins, das sich an sich selbst erinnert.

Die Schönheit der Schöpfung bewirkt, dass *jedes in seinem Atman vereinte Bewusstsein sich danach sehnt, voll und ganz seine Geistgefährten wiederzufinden,* um das Wunder des Göttlichen immer weiter zu führen und eine neue Sprosse der Leiter zu erklimmen.

Das kreative Prinzip

Was über all dem steht und es weiter vorantreibt, ist das von mir gerne so bezeichnete kreative Prinzip. Es drängt die im Lebensstrom der Welten verschmelzenden Geistgefährten dazu, neue Wege der Expansion des Lebens, also des Teilens absoluter Liebe, zu erfinden.

Habt ihr das wirklich verstanden? Das Ziel ist das Teilen von Liebe. Denn seit jeher heißt es, dass alles, was nicht geteilt wird, schal wird, verkümmert, schrumpft und austrocknet.

Leben existiert nur, weil es geteilt wird und sich somit vervielfacht.

Bewirkt nicht das Gesetz des Teilens alle Formen der Geburt? Nach dem Reflex des körperlichen Gebärens lernt man, seelisch zu gebären wie ein Künstler, und dann geistig, indem man neue Wege für die Schöpfung erfindet.

Stellt euch vor, ihr müsstet euch neue Farben ausdenken, um die vorhandene Farbpalette zu erweitern ... Genau das ist die göttliche Herausforderung der Aufgestiegenen Meister und aller Geistgefährten. Ich spreche hier nicht davon, neue Nuancen schon vorhandener Farbtöne zu erfinden, sondern davon, etwas völlig anderes zu erschaffen, ungeahnte Türen zu öffnen, durch die Schönheit und Liebe sich anders ausdrücken können.

Glückseligkeit hat keinen vorstellbaren Zweck, wisst ihr! Natürlich kann man ihr willkürlich einen verleihen, aber dann versenkt man rund um sich herum Käfigstangen in die Erde, deren Sicherheit früher oder später zu Leid wird.

Das kreative Prinzip vermischt sich mit dem göttlichen Prinzip, denn es ist die Grundlage von allem, was Schöpfung ist. In diesem Sinne ist es unser aller Rolle als Mittler, daran mitzuwirken. Darin ist keine Arbeit zu sehen, die getan werden muss, sondern Freude, die es zu entdecken gilt ...

Leid setzt sich überall dort fest und entfaltet sich, wo es nicht gelingt, sich in die Erzeugung von "etwas" einzubringen, das somit zum Teilen führt. Auch wenn das Leid sich nicht sofort zeigt, schwelt es vor sich hin, nur um dann umso lauter zu detonieren und aufzuzeigen, wie widersinnig Grenzen sind.

Das Gegenteil von Leben ist Angst ... und der Webstuhl, auf dem sie gewebt wird, ist die Begrenzung, seht ihr. Immer wieder kommen wir darauf zurück!

Das Leben ist von sich selbst gelangweilt, wo die Idee Gottes eingekerkert ist ...

Initiierende Kunst

Ich kann euch sagen, dass meine Stimme aus einer Welt kommt, die den Künsten eine wichtige Rolle zuweist, um Zugang zu einem höheren Bewusstseinszustand zu erhalten.

Künstler gelten bei uns als Priester im besten Sinne des Wortes. Sie sind Priester ohne Religion, einfach Vermittler zwischen dem, was vom Göttlichen fassbar ist, und Seiner Schöpfung. Deshalb ist die Funktion des Künstlers selbstredend heilig. Denn versucht er nicht, das Unübersetzbare, das uns zur Weiterentwicklung anspornt, zu übersetzen und seine Keime zum Wachsen zu bringen?

Der Künstler ist gleichzeitig auch ein Botschafter. Sein Auftrag ist es, die lichtvolle Vision widerzuspiegeln, die ihn nährt. Seine Seele wird deshalb als durchlässig wahrgenommen, weil sie die lebendige Welle hindurchlässt, die zwischen den Universen fließen will.

Natürlich erzähle ich euch hier von einer Welt, in der die Mülleimer der Psyche schon lange geleert wurden, Ich-Impulse verdaut und verbrannt wurden, Tricksereien keine Chance gegen Vernunft und Humor haben und Harmonie sich niemals auf Langeweile reimt.

Lasst mich euch noch sagen, dass der Künstler, der sich seiner Rolle bewusst ist (also darüber, was er zu lernen und zu übermitteln hat), zur Aufgabe hat, den göttlichen Zauber zu sich einzuladen, welche Vorstellung auch immer er sich davon macht. Dank dieser Haltung weiß er, dass er sich entfalten kann, um zu lehren und zu initiieren und freudig Das zu teilen, das durch ihn strömt.

Ja, er ist ein Priester ohne Kirche oder Dogmen. Deshalb lebt er ganz und gar die Praxis des Erwachens. Auf diese Weise, versichere ich euch, kann Kunst zum Weg der Befreiung des Göttlichen im Selbst werden. Sie streichelt die Sinne, verfeinert den Seelenkörper und lehrt uns, das Alphabet der Ewigkeit zu buchstabieren.

Und dann ... Schaut euch einfach nur um, betrachtet Natur, Erde, Himmel und Kosmos, die eure Heimat sind. Ist all das nicht das Werk eines absoluten Künstlers? Einige werden es eher als Werk eines Vermessungstechnikers oder Architekten bezeichnen. Auch das ist wahr, aber allgemein verstehen wir unter einem Künstler etwas, das Harmonie und Schönheit hervorbringt.

Hässlichkeit, wisst ihr, ist immer ein Zeichen von Leid und Trennung vom Selbst. Sie spricht von einer Falle, in der sich eine Lebensform bewegt.

Man sage nun aber nicht, Schönheit und Hässlichkeit seien das Ergebnis menschlicher Subjektivität. Denn es gibt zahlreiche Formen von Schönheit wie auch Manifestationen von Intelligenz. Schönheit aber hat immer die Besonderheit, das Wesen zu erheben, während Hässlichkeit es zerfrisst und in inneren Labyrinthen festhält.

Gott ist also Künstler, meine Freunde. Möge diese Wahrheit euch nicht verlassen und euch zu der Kunst inspirieren, bewusster mit Ihm zu spielen.

Seid die Verschönerer der Schöpfung! Beschließt es! Dann werden sich die drei Prinzipien der göttlichen Präsenz in euch derart wunderbar vermählen ... dass ihr am Tag des Erwachens noch nicht einmal mehr wisst, warum ihr euch in all eurem Leid immer im Kreis gedreht habt. Gott –

Vater/Mutter, Sohn/Tochter und Geist - wird aus eurer Brust hervorsprudeln. Brahma, Vishnu und Shiva werden durch eure Stimme euer Lebensglück verkünden. In euch wird die erste Idee entspringen, sich einrichten und es schließlich wagen, sich zu transformieren, um sich unendlich weiterzuentwickeln.

Und so werden aller Rost und alles Gift verschwinden ...

Der Teufel als Lehrer

Und wo bleibt in all dem der Teufel? Gestattet uns, über diese kindische Vorstellung zu schmunzeln ... Am Tag eures wahren Erwachens werdet ihr endgültig verstehen, dass der Teufel genauso wenig "jemand" ist wie Gott. Ihr werdet verstehen, dass er die Widerspiegelung eures Chaos und das Ergebnis eurer Erfahrungen mit Freiheit war. Ihr werdet innerlich wissen, dass er nur das Kondensat eurer inneren Armee aus Dämonen war, das heißt eurer berechtigten Rebellion und eures seelischen Zorns. Auch werdet ihr letztendlich erkennen, dass sein illusorisches Bild hinter euren vor der schmerzhaften Kultur der Lüge geschlossenen Augen so sehr die Sehnsucht nach dem Licht in euch entfacht hat ... dass ihr euch am Ende in es hineingeworfen habt.

Und ich verkünde euch, dass ihr die Kraft haben werdet, der Erinnerung an den Gegner für die große Unterweisung zu danken.

Die Entstehung der Zellen

Ich habe zu euch gesprochen ... Ihr habt mir zugehört und euch bemüht zu verstehen. Was habt ihr bis hierher behalten? Wenn euch all das vorkommt wie ein riesiger Berg an Informationen, dann habe ich nicht die passenden Worte gefunden und mein Ziel verfehlt.

Aber wenn euch eine Welle berührt hat, dann habt ihr mich gehört und euch von der Essenz des wahren Wandels durchdringen lassen.

Wenn es euch nun also schwindelt, dann ist das ein Segen.

Ohne dieses Schwindelgefühl gäbe es keinen Schritt nach vorn und schon gar nicht nach oben. Mit dem Schwindel des Unendlichen beginnen alle Pilgerfahrten zum Selbst ... oder zu Gott, wenn ihr so wollt.

Wie kann man mit diesem Schwindelgefühl leben? In den Augen der Diener der Engel des Herrn lautet die wahre Frage eher: "Wie kann man *ohne* ihn leben?" Wie kann man akzeptieren, dass das Leben seinen Namen auch verdient, und sich gleichzeitig hinter den Mauern alter Gewissheiten verschanzen?

Die Verkörperung eines neuen Entwicklungsmodells

Wir, angetrieben von der Macht der Galaxien, stürzen wiederum euch ins Leere ...

Dieser Raum ist ein neuartiger Seinszustand, er ist solar und unendlich. Es ist ein Raum, den ihr so irdisch wie überirdisch finden werdet, denn ihr werdet ihn im Alltag verkörpern müssen. Das ist eure Rolle ...

Ja, ich sagte "verkörpern". *Die Flügel der Seele werden sich niemals ausbreiten, wenn man zuvor nicht den Körper gestärkt hat.*

Am Ende des Bewusstseins des Schreibenden ist eine Hand, sie hält eine Feder, die ins Dunkel der Tinte taucht, um auf dem Papier zu tanzen und es zu erhellen.

Vergesst nicht ... Euer Leben ist wie dieses Bild. Ihr seid sein Gestalter, Verfasser und Schreibinstrument. Alles darin achtet und ehrt sich.

Verkörperung bedeutet, ins innerste Herz der Zelle hinabzusteigen, zu ihr zu sprechen, sie zu lieben und ihr ihre Aufgabe einzuprägen, die die unsere ist.

Lasst mich euch nun ein Modell der Expansion des Bewusstseins aufzeigen, eines der schönsten Wachstumsmodelle, die von den Christus-Sonnen auf ihrem Weg zum Absoluten ersonnen wurden. Es ist ein Weg von vielen, aber er ist "schnell", wenn man akzeptiert, sich in unserer Raumzeit auszudrücken. Es ist ein Weg der Verschmelzung, ein Weg einiger von euch, die sich genauestens bewusst sind, Zellen zu sein, also im Entstehen begriffene Sonnen.

Ich zeige euch diesen Weg zur Reflexion auf, weil er in mehreren Sonnensystemen dieser Galaxie gelebt wird und wir ihn, was uns betrifft, bei unserem Aufstieg zur göttlichen Einheit gerne gehen.

Wisst, dass es vor allem ein Weg der Reifung ist, ja sogar ein Weg, der *die* Reife des wahren Blicks aus der Höhe verlangt. Weder spirituelle Spaziergänger noch seelische Bergsteiger sind darauf unterwegs, sondern zeitlose Reisende.

Lasst euch vom so geheimnisvollen Lächeln des Buddha einnehmen, lasst es euch erfüllen, denn aus ihm spricht genau dieses sublime Sehen und Verstehen.

Das Entwicklungsmodell, das ich hier mitzuteilen habe, betrifft die Gesamtheit des Wesens, Körper, Seele und Geist. Ich werde es aber nur in seiner geschlechtlichen (also nicht der geschlechtslosen) Wirklichkeit erörtern, um es euch näherzubringen. Hört also ...

Was ist ein Paar, wenn nicht eine Zellenform? Das Männliche und das Weibliche begegnen und ergänzen sich dort rund um den Sonnenkern, der Liebe ist. Aber ein Kern, wisst ihr, ist von Natur aus immer der Antrieb für Expansion. Seine Funktion ist es zu säen, also Leben zum Wachsen zu bringen und Grenzen zu verschieben.

Ausgehend von dieser natürlichen, konstitutiven Wirklichkeit unseres Universums wurde ein Weg ersonnen, der sich dann gezeichnet hat. Die Prinzipien der Verbundenheit und Verschmelzung sind also zugleich Ursprung und Ziel dieses Weges, und die Liebe ist sein Lebenselixier.

Ja, die Liebe ... immer wieder kommen wir zu ihr zurück! Letztendlich bringt sie die göttliche Essenz des Wesens zum Ausdruck, in welchen Ausprägungen auch immer sie sich manifestiert. Und die Liebe im Herzen der Schöpfung wie auch in unserem Herzen schließt nichts aus, ich sage es euch nochmals. Sie umfasst Dichte und Feinstofflichkeit, Körper und Bewusstsein.

Fortpflanzung ist die offensichtlichste Fortführung der von einem Paar gebildeten Zelle. Auf diese Weise erzeugt die Dreifaltigkeit von Mann, Frau und Liebe ein viertes Element: ihre Nachkommenschaft.

Die Stabilität der Vier kann sich aber auch anders manifestieren, in einer Weise, die nicht primär horizontal, sondern direkt vertikal verläuft, also feinstofflich ist.

Natürlich kann man argumentieren, dass die Liebe immer in der Vertikalen angesiedelt ist. Das ist zwar richtig, aber im Namen derer, die ich vertrete, weise ich euch hier auf einen der besonderen aufstrebenden Aspekte der Liebe hin. Es verhält sich folgendermaßen ...

Von der prinzipiellen zur zentralen Zelle

Auf der Suche nach dem Göttlichen und Seiner Selbstverwirklichung kommt es in unseren Welten häufig vor, dass zwei Mann-Frau-Zellen, die die Harmonie bereits verwirklicht haben, entscheiden, sich zu vereinigen. Ihr Ziel ist einfach und klar definiert: *die Schaffung einer weiteren Zelle, die auf der stabilen Kraft der Vier basiert und rund um einen Kern organisiert ist, die Sonne ihrer Liebe, die wahre dynamisierende Quintessenz.*

Diese Zelle wird *prinzipielle Zelle* genannt, weil sie das Prinzip der Auflösung der traditionellen Grenzen des inkarnierten menschlichen Egos in sich trägt.

Damit wir uns hier richtig verstehen: Es ist eine Vereinigung mit einer in erster Linie heiligen Bestimmung. Heilig bedeutet für uns: "etwas, das das Wesen veredelt und es in seine höheren Dimensionen weit weg von gesellschaftlichen und zeitlichen Konventionen führt". Heilig bedeutet auch: "etwas, das alle Manifestationsstufen des Lebens als Ausdrucksformen des Göttlichen umfasst, die zum Göttlichen führen".

Kurz gesagt ist das Heilige in unseren Augen das Instrument, mit dem wir Gott in uns erschaffen und Er zugleich durch uns wächst.

In der Entstehung einer prinzipiellen Zelle liegt daher eine außerordentlich initiatorische Kraft. Durch die Vereinigung der Bewusstseine und Körper erzeugt sie nach und nach eine transformatorische Energiekugel. Sie ist transformatorisch für die Persönlichkeiten innerhalb der Zelle und ihrer Umgebung, aber auch für eine ganze Welt aufgrund der Lichtkontamination und des Expansionskeims, den sie in sich trägt.

Ich werde noch auf die Prinzipien der Vereinigung zurückkommen, die die Grundlagen dieser Zelle schafft. Jetzt aber möchte ich euch ihren Verlauf in einem der Entwicklungsmodelle unseres Universums aufzeigen ...

Wenn zwei Paare durch ihre Verbundenheit eine stabile, harmonische und somit wunderbar liebevolle Energiemasse erzeugt haben, agiert ihre Quintessenz. Sie gibt und zieht heran. Da die Hindernisse der Persönlichkeiten überwunden sind und die Stabilität der Vier erreicht ist, wendet sie sich nun dem göttlichen Prinzip der Drei zu ...

So strebt sie die Vereinigung mit zwei weiteren prinzipiellen Zellen an. *Es begegnen einander also zwölf Wesen (sechs mit weiblicher und sechs mit männlicher Polarität) in ein und derselben Hinwendung zum Absoluten und Dessen Diensten.* Sie erschaffen die von uns so bezeichnete *sekundäre Zelle*.

In solchen Aufeinandertreffen sind, das versteht ihr, Wiederbegegnungen von Seelen zu sehen. Eine echte Vereinigung gib es auf dieser Ebene nur innerhalb derselben Familie von Wesen, die vom Atem desselben göttlichen Projektes oder Unterprojektes entworfen wurden. Deshalb sind sie von Freude getrieben; nichts ist mehr Arbeit, sondern Begeisterung.

Sobald die verschmelzende Harmonie zwischen diesen zwölf Wesen hergestellt und ihre Aufgabe als kollektives Bewusstsein erfüllt wurde, das imstande ist, menschliche Gruppen anzuleiten, wird ihre sekundäre Zelle sofort von zwei weiteren Zellen dieser Art angezogen, um eine weitere Seelengemeinschaft zu bilden, die ich hier *ternäre Zelle* nenne.

Diese energetische Entität, die also aus dreimal zwölf, also 36 Seelen besteht, manifestiert daraufhin einen "Rat der Weisen".

Sie stellt eine bedeutende seelische Kraft dar und erhält konkrete Projekte in einer Welt, die ihrer Hilfe bedarf. Das kann die Aufsicht über eine neue Lebensform sein oder auch Hilfe für ein großes Wesen, das mit einer bestimmten Aufgabe betraut ist, etwa einen Bodhisattva oder Avatar.

Aber auch da ist der “Weg der Zelle” noch nicht zu Ende, seht ihr. *Die ternäre Zelle aus 36 vollkommen vereinigten Bewusstseinen geht früher oder später in zwei weiteren Zellen derselben Art auf.*

Hierdurch wird dann die Einheit der 108, auch heilige Zelle genannt, verwirklicht.

Ihre Rolle ist es, inkarnierte Christus oder Buddhas von den feinstofflichen Ebenen des Bewusstseins an zu begleiten oder gar selbst teilweise oder vollständig zu inkarnieren. Ihr energetischer Motor sorgt auch dafür, dass ihre Unterweisung lange anhält.

In diesem Stadium der Verantwortung kann sich für eine heilige Zelle aus 108 verschmolzenen Seelen alles ändern. An einem bestimmten Punkt ihrer Reifung - denn nichts hört jemals auf zu wachsen - *kann sie aufgefordert werden, eine weitere Zelle aus 36 Wesen in sich aufzunehmen, die aus einem Sonnensystem stammt, das weit von ihrem entfernt ist und sich daher von diesem unterscheidet.*

Selbstverständlich ist dies für alle betroffenen Seelen ein riesiger Sprung ... Es ist eine andere Art der Vermählung, eine neuartige Öffnung für andere innere Bezugspunkte und verschiedene Sensitivitäten.

Auf diese Weise entsteht eine Zelle aus 144 verschmolzenen Präsenzen, die *zentrale Zelle.*

Sie ist so erstaunlich und rein, dass sie vor allen Dingen zu einer Art Universität der Seelenwelt wird. Tatsächlich spielt sie die Rolle einer Matrix aus Meistern, die bereit sind, höchste Verantwortung überall dort zu übernehmen, wo Hilfe gebraucht wird.

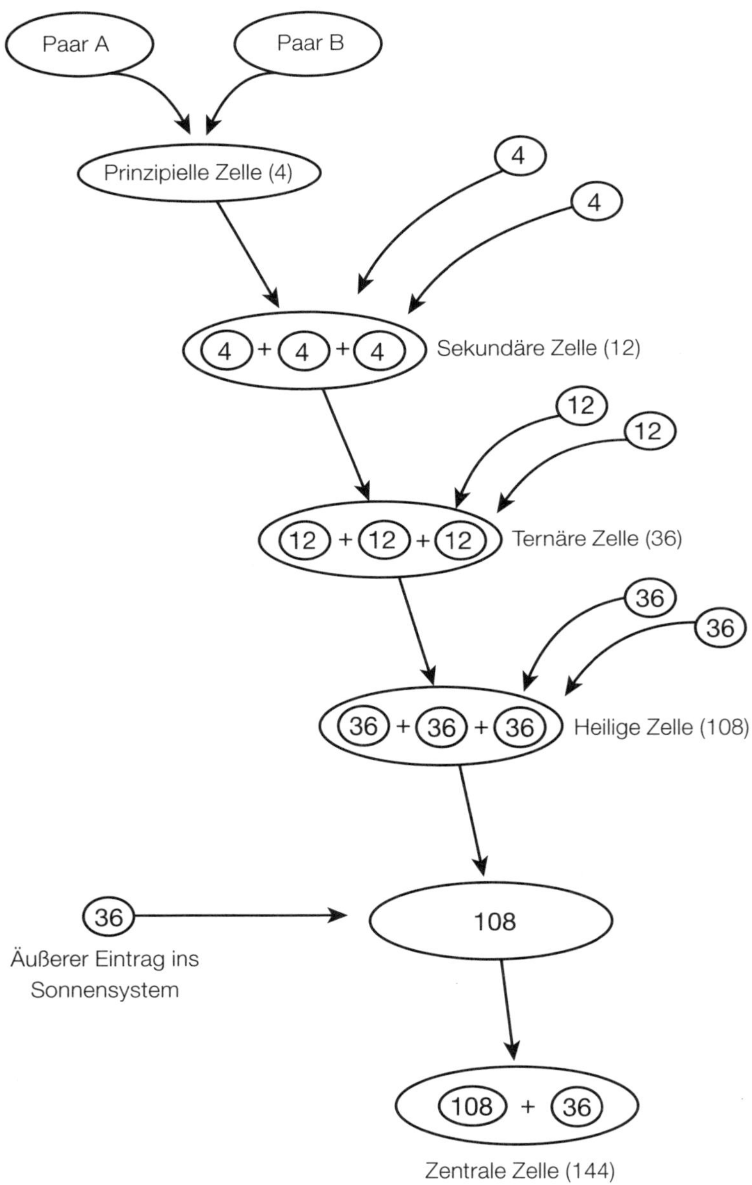

Modell der Verschmelzung von Bewusstseinen im Sonnensystem

Dies ist also eines der möglichen Entwicklungsmodelle der Seele in einem Sonnensystem. Andere sind solitärer oder gründen auf anderen Zahlenverhältnissen, denn alles, wirklich alles, wird durch die Intelligenz des Lebens erfahren ... und durch die Präsenz Gottes.

Man muss nur verstehen, dass jedes Wesen auf seinem Weg zur Wiedereingliederung ins Bewusstsein des Selbst aufgefordert ist, Entscheidungen je nach seinen Fähigkeiten und seiner Sensibilität zu treffen ... so wie ein Künstler ein ganz bestimmtes Ausdrucksmittel von vielen bevorzugt.

Das Wesen der Verschmelzung: Wechseln der Oktave

Was genau bedeutet nun eigentlich der Begriff der Verschmelzung? Wie ist sie zu verstehen? Wie verwirklicht sie sich, und was folgt aus ihr?

Auf der intellektuellen Ebene ist ihr Prinzip erst einmal leicht nachzuvollziehen. Mehrere Elemente verschmelzen, wenn etwas Gemeinsames sie veranlasst, ineinander aufzugehen, um eine stabile, harmonische Einheit zu erschaffen.

Bei Rohstoffen, zum Beispiel Metallen, hat mit dieser Vorstellung und ihrer Umsetzung niemand ein Problem. Aber wenn es um menschliche Wesen geht, ist es etwas ganz anderes! Es ist etwas anderes, weil die physischen, emotionalen, geistigen und spirituellen Wirklichkeiten in Mann und Frau nicht nur selten miteinander im Einklang stehen, sondern sich auch meist einen hinterlistigen Kampf liefern.

Wie viele von euch auf dieser Erde sind wirklich in der Einheit oder auf dem besten Weg dorthin? Ich meine hier gar nicht die vollkommene Befriedung, die das Kennzeichen verwirklichter Meister ist, sondern den konstanten, willentlichen, aber sanften Impuls des Menschen hin zu einem Zustand von Kohärenz. Und Kohärenz, wisst ihr, ist ganz einfach die Einstellung der Kämpfe zwischen all den Schichten des Lebens, die Abschaffung der inneren Grenzen.

Verschmelzung ist nicht möglich, so lange man nicht aus der fürchterlichen Kettenreaktion ausgetreten ist, die von den Reflexen der Dualität beherrscht wird. Sie bleibt ein Wunschtraum, so lange man unfähig ist, von der Zwei zu *etwas anderem* weiterzugehen.

Wollt ihr mir noch weiter folgen?

Was ist der Körper, was ist der Geist? Die Antwort läuft darauf hinaus, den Unterschied zwischen dem C unter und über einer Tonleiter zu erklären. Man spricht von derselben Wirklichkeit ... nur auf einer anderen Oktave.

Damit soll euch verständlich gemacht werden, dass sich in der Verschmelzung als Manifestationswerkzeug Gottes das körperliche Prinzip mit dem geistigen Prinzip vermischt.

Aber das ist doch Blasphemie, werden nun einige sagen! Ganz gleich! Wahre Blasphemie sehen die Diener der Engel des Herrn nur in der Beleidigung des göttlichen Prinzips dadurch, dass man Ihn Seiner Wurzeln und Äste in der Schöpfung beraubt.

Der Körper ist das bevorzugte Instrument einer dem Mann und der Frau offenstehenden Verschmelzung, wenn sie an einem bestimmten Punkt ihrer Reifung angelangt sind. In unseren Augen ist klar, dass der Körper durch sein

Erleben im Edelsten, das er hat, eine entscheidende Transformation auslösen kann, einen Wendepunkt in der Entwicklung des Bewusstseins.

Der Körper erzählt von der Seele, wisst ihr? Die kleinste Geste, der diskreteste Blick verrät, wenn auch unbeholfen, ihre Sprache. Seine Struktur als kosmisches System aus Planeten, Sonnen und Galaxien, das profunde Wissen um seine subtilen Mechanismen machen ihn von Natur aus zu einem außergewöhnlichen Zugangsportal für die göttliche Präsenz. Er ist eine Zusammenfassung der gesamten Schöpfung ... Ist es da nicht logisch, seine heilige Essenz zu würdigen?

Grundlagen eines anderen Tantrismus

Aus diesem logischen Schluss sind die Grundlagen des Tantrismus in seiner reinsten Form entstanden. Ich werde hier nicht näher auf diese von uns hochgeachtete Disziplin eingehen, da sie schon in vielen Entwicklungen in eurer Welt eine Rolle spielt. Vielmehr möchte ich euch einen ihrer Aspekte aufzeigen, wie wir ihn innerhalb des Verschmelzungsmodells erleben, das ich gerade beschrieben habe.

Ich spreche darüber nicht als Nebensache. In unseren Augen ist das Thema ganz und gar nicht zweitrangig, denn es erfüllt außergewöhnlich gut die Anforderungen von Seelen, die sich wirklich nach dem Göttlichen sehnen. Die dafür erforderliche Meisterschaft weitet den Lebensatem im Schmelztiegel des Körpers, spürt bis ins kleinste Detail die Rauheit, Borniertheit und Verhärtungsreflexe des Egos auf und ebnet dem Herzen so einen Weg hin zu grenzenlosen Horizonten.

Das Prinzip ist einfach, und da darin der aktive Keim des Aufstiegs zur Offenbarung der göttlichen Präsenz im Selbst enthalten ist, möchte ich hier näher darauf eingehen.

Wie gesagt besteht es darin, die Gabe der Liebe über die Zwei hinaus weiterzuentwickeln und fortzuführen, um sie zur Stabilität der Vier zu führen. Dies setzt also die Wiedervereinigung und dann Vereinigung von vier Wesen (Körpern und Seelen) voraus, um sie auf einen Weg der Reinigung zu führen. Seid euch gewiss: Diese Reinigung bedeutet, dass die Barrieren der niederen Persönlichkeit überwunden werden und durch das Wunder der Verschmelzung wahres Teilen als göttliche Eigenschaft entdeckt wird.

Es versteht sich von selbst, dass die Erschaffung einer prinzipiellen Zelle nur von Wesen bewerkstelligt werden kann, die in der traditionellen Paarbeziehung bereits eine solide gegenseitige Ergänzung aufgebaut haben.

Mit anderen Worten braucht es neben einem reinen Herzen und einer reinen Absicht den starken Willen, die Mauer der Ängste zu überwinden. *Es geht dabei nicht um die Entdeckung eines neuen Kontinents, sondern eines anderen inneren Sonnensystems ...*

Atomares Teilen

Wenn man diesen Weg der Verbundenheit geht, weiß man, dass in diesem System alles neu zu definieren sein wird. Man muss sich darauf einstellen, dass die Bezugspunkte des bisherigen persönlichen Planeten, also der sicheren binären Zelle, einfach wegfallen. Somit braucht man ein anderes Verständnis von Liebe und ihrem Atmen in einem Bewusstseinskreis, der dem Göttlichen eindeutig näher ist.

Das Wesen wird dann ausdrücklicher und konkreter als je zuvor in die heilige Wirklichkeit des Teilens tieferer Liebe eingeladen. Es wird sich auch stärker mit dem göttlichen Gedanken der *Expansion der Seele* verbinden.

In Wahrheit beruht der gesamte Begriff der Verschmelzung auf Verbundenheit in einem Erleben, das ich "atomar" nenne, im Sinne einer Lebenssicht und -erfahrung, die die Wesen (in diesem Fall vier) zutiefst aufwühlt.

Aus dieser Verschmelzung, bei der die Intimität des Körpers als Grundlage genutzt wird, entsteht eine wirkliche Vermählung von Seelen, die zur Einheit des Bewusstseins führt.

Muss da noch deutlicher gesagt werden, dass aufgrund dieser Neudefinition des Paar- und Zellbegriffs die Funktionsweisen des Körpers, der Persönlichkeit und der Ausdrucksformen der Seele komplett neu ausgerichtet werden müssen?

Der Schwingungsaspekt des Organismus wird auf die Probe gestellt. Die von der Seele geforderte Einladung zur Veränderung verlangt, dass jedes Organ und jedes System, ob Verdauungs-, Kreislauf-, Atmungs-, Nerven-, Hormonsystem oder ein anderes, sich auf der energetischen Ebene neu definiert. Die Erklärung ist ganz einfach, seht ihr ...

Die Öffnung des Bewusstseins für eine andere Definition der Wirklichkeit des Lebendigen und des Verständnisses von Gott bedeutet eine Kraftanstrengung, durch die sich alle seelischen Zentren ausdehnen. Die zunehmende Aufnahme von Prana im Körper löst lokale Schwingungskataklysmen aus, die sich immer weiter verbreiten. Der gesamte Organismus wird davon durchgeschüttelt.

Was sich anfangs in Form von unerklärlichen Symptomen, Störungen oder Krankheiten äußert, ist deshalb sehr oft nur ein Zeichen für die unumkehrbare Mutation des Wesens.

Ein wenig mehr vom Selbst, von Gott im Selbst zu gebären, führt unweigerlich zu Geburtswehen. Das Geheimnis ihrer Beendigung liegt nirgendwo anders als im Loslassen. Im Loslassen des Kampfes und in der ruhigen Betrachtung alter körperlicher Schutz- und Rückzugsreflexe.

Wer den Weg der prinzipiellen Zelle geht, bringt eine Sonne mit eigenen Planeten hervor, vergessen wir das nicht. Er beginnt ein völlig neues Lebensprojekt; er beschließt, eine andere Dimension des Göttlichen zu erkunden, um an Seiner Erfüllung teilzuhaben, indem er noch mehr in Ihm aufgeht.

Glaubt mir, das Überschreiten dieser Schwingungsschwelle ist eines der schönsten Abenteuer, die das menschliche Wesen erleben kann.

Ein schwieriger Aspekt dieser Transformation liegt sicherlich in der relativen Autonomie, die die Zellen des physischen Körpers an den Tag legen können, wenn das Wesen die Bewusstseinsveränderung eingeleitet hat.

Zellen und Organe sind durch ihr genetisches Erbgut und eine ganz bestimmte Denk- und somit Lebensweise programmiert. Ihre ständig von einer bekannten Schwingungswelle genährte Wirklichkeit wird also plötzlich auf den Kopf gestellt.

Natürlich widersetzt sie sich, so gut sie kann; es ist ein Widerstand, der anarchisch und verwirrend ist und zu Erschöpfung und Entmutigung inmitten der Verwandlung führt ... zumindest, so lange sie nicht in allen ihren Aspekten klar verstanden wird.

Überraschenderweise verarbeitet der Verstand die Prinzipien der Mutation schneller als der physische Körper. Er geht durch die Tür und zieht dann eine Zeit lang eine körperliche Wirklichkeit hinter sich her, die sich anfühlt wie ein Mühlstein. Man kann also theoretisch eine Veränderung bejahen, dann aber bei der Umsetzung von einer physischen Dimension gebremst werden, die reflexartig geschützt wird.

Und was ist mit der Gefühlswelt, werdet ihr mich fragen? Sie liegt auf halbem Weg zwischen der Perspektive des geistigen Universums und den Reaktionen des körperlichen Territoriums. Sie schwankt zwischen beiden hin und her, wechselt leicht von Begeisterung zu Niedergeschlagenheit oder gar Empörung. Wissen schafft hier keine Lösung, erlaubt es aber durch das Verstehen der Mechanismen, sich leichter zu distanzieren.

Auf diesem Weg kommt also der Dynamik der Vier (der prinzipiellen Zelle) eine enorme Bedeutung zu.

Eines müsst ihr wissen: Durch diesen "Viertaktmotor" verläuft die Transformation so erstaunlich schnell, dass sich immer rascher geistige Fixierungen, Gefühlsverwirrungen und körperliche Blockaden einstellen.

Doch diese Schnelligkeit wird zu einer Verbündeten, weil sie sogleich "Abszesse" auf der seelischen und geistigen Ebene verursacht, die bald darauf aufbrechen und so verhindern, dass das Wesen innerlich infiziert wird und in einer Grauzone stagniert.

Auf diesem Weg ist auch die Nicht-Einsamkeit der Dynamik der Vier ein bedeutender Faktor. Da der Ursprung der prinzipiellen Zelle die Liebe ist, unterstützt jeder den anderen spontan bei seiner Geburt ... während er sich gleichzeitig von ihm gebären lässt.

Natürlich besteht *die* Ur-Einsamkeit der Seele angesichts ihrer selbst und ihres Wunsches zurückzukehren weiter ... doch diese Einsamkeit ist ein echter Antrieb, der sie voranbringt, sie ist der Durst, der den intensiven Wunsch in ihr weckt, *die* Quelle wiederzufinden. *Ihr Leiden ist eine Chance, ihre ultimative Chance, und kein Handicap.*

Außerdem wird die Zusammenarbeit im Herzen der prinzipiellen Zelle zu einem hervorragenden Nährboden, um Nichtverurteilung, Großzügigkeit, Geduld und wunderbares Mitgefühl zu kultivieren.

Vielleicht habt ihr das Gefühl, dass diese Überlegungen uns weit vom Verständnis des Göttlichen wegführen, wie ich es euch anfangs gelehrt habe. Aber täuscht euch nicht ... Alles, was das Bewusstsein aufwühlt und es über die Grenzen hinaustreibt, die es dachte erreichen zu können, verschafft den Zugang zu dem, das wir Gott nennen.

Die Vereinigung der Welten von Körper, Seele und Geist ist in unseren Augen ein großartiges Beispiel für die Abschaffung von Grenzen.

Durch die Klarheit, die das Feuer der Vereinigung einfordert, fallen Schutzmauern und stellt sich Frieden ein.

Es ist kein "menschlicher" Frieden im engeren Sinne des Wortes mehr, sondern ein heiliger Frieden, da er keine Bedingungen mehr stellt und die göttliche Präsenz als seine Triebkraft und sein absolutes Erbe anerkennt.

Die Angst vor der Verschmelzung

Neben der physischen Dimension dieses Weges und seinen Folgen durch den Wegfall der alten Orientierungspunkte macht oft auch der Begriff der Verschmelzung Angst. Meist kommt einem dabei ein Zuckerstück in den Sinn, das sich langsam in einem Glas Wasser auflöst. Der Zucker lässt sich nicht mehr aus dem Wasser zurückholen und umgekehrt ...

Genau diese Feststellung löst auf der Bewusstseinsebene bei vielen Furcht aus. Beim Gedanken an einen Identitätsverlust wird ihnen schwindelig ...

Aber was geschieht denn eigentlich mit einem inkarnierten Bewusstsein, mit seiner Einzigartigkeit und seinem Bedürfnis, sich selbst zu spüren, wenn es die Verschmelzung mit anderen entdeckt?

In jedem Fall hört es deshalb nicht auf zu existieren! Es bewahrt nicht nur seine Selbstwahrnehmung, seine Freiheit, sondern es entfaltet sie sogar noch weiter. Es kann also weiterhin "Ich" sagen und seine Autonomie zum Ausdruck bringen.

Allerdings ist dieses "Ich" nicht mehr selbstbezogen. Der Ego-Aspekt ist nicht mehr von Interesse und deshalb völlig bedeutungslos. Was am "Ich" schädlich war, wurde vollständig erfahren, verdaut und sublimiert. Ich sage sublimiert, weil bei der Verbrennung seiner Bestandteile neue erschaffen wurden, um die Fundamente der höheren Persönlichkeit zu legen.

Die sattvische Persönlichkeit

Denn genau darum geht es in Wahrheit: *um die Erschaffung oder vielmehr Offenbarung der höheren Persönlichkeit.*

Ihre Entdeckung, ihr Zutagetreten, hat ein solches Luftholen zur Folge, dass man von einer wahren Wiedergeburt sprechen kann, ähnlich wie nach einem klinischen Tod.

Mit der Ankunft dieser höheren Persönlichkeit, die als *sattvisch* bezeichnet werden kann, zeigt sich das Nous, entfaltet sich, und alle Lebensparameter definieren sich harmonisch neu. Der Heilige Geist, der Blick Shivas, bringt sich in seinem wiederherstellenden Aspekt zum Ausdruck.

Erschöpfte Zellen und Organe regenerieren sich, verzehrende Ängste werden gelindert, und in einem namelosen Fluss wird Liebe geteilt und geschenkt. Der sanfte, ansteckende Duft des Mitgefühls entfaltet sich, und *Gottes Fun-*

keln im Selbst wird lebendiger und konkreter wahrgenommen als jemals zuvor.

Nun begreift man mit unsagbarer Freude, dass in der Glut der Verschmelzung ein Wasser in uns zu kochen begann und beim Wechseln der Schwingungsebene zu göttlichem Dampf wurde und sich eine neue Art des Seins in all ihrer Schönheit offenbart.

Die Quintessenz eines anderen Lebens durchströmt uns ... es ist die fünfte Kraft, die aus der Vier entspringt, der Gipfel einer Pyramide von ungeahnter Schönheit, der Mittelpunkt eines Kreuzes, seine Rose.

Dort beginnt der Zustand der Vorverwirklichung. Statt ihre Identität zu verlieren, entdeckt die Seele ihre eigentliche Bedeutung wieder. Da sie nun besser *Das* versteht, was sie ist, erfährt sie intensive Wiederbegegnungen mit sich selbst. Sie hat ihre wahre Identität "erfühlt" und erkennt den wahren Sinn des Dienstes.

Von nun an weiß sie sich zutiefst zur göttlichen Natur zugehörig, von den Fußsohlen bis hinauf in unbekannte Höhen.

Das Fleisch der Seele

An dieser Stelle muss ich zu euch darüber sprechen, was wir, die Diener der Engel des Herrn, geradeheraus als *Fleisch der Seele* bezeichnen. Dies ist ein grundlegender Begriff.

Wenn man ihn falsch versteht, versteht man die Bedeutung dieses Weges nicht vollständig.

Tatsächlich verbinden viele in eurer Welt das Fleisch fast automatisch mit einer gewissen Belanglosigkeit, sodass eine Blockade entsteht, die den Zugang zum Geist versperrt. Der physische Körper wird als *die* Gefahr dargestellt, weil er Ort einer notwendigerweise verdichtenden Sexualität ist.

Aber sagt mir doch: Was erschwert den Ausdruck des Lebens mehr als die Vorstellungen und damit die energetische Polarisierung, die man ihm zugrunde legt?

Deshalb trägt alles, was mit der körperlichen Welt, in erster Linie mit der Sexualität, verbunden ist, einen fürchterlichen Widersinn in sich, der seit Tausenden von Jahren andauert und an dem ihr unglaublich leidet.

Nur wenigen von euch gelingt es zu verstehen, dass alle Manifestationsstufen des Lebens, also Gottes, mit einer Hülle versehen sind, in der eine aufsteigende Kraft namens Kundalini wohnt.

Nur an der Ausrichtung des Bewusstseins liegt es, ob diese Hülle und ihr heiliges Feuer vor sich hin lodern oder aber unendlich in die Höhe schießen.

Seele und Geist haben einen Körper, also eine oder mehrere Ausdrucksformen, durch die sie die göttliche Präsenz "hindurchscheinen" lassen.

Ein Körper, ob er dicht oder feinstofflich beschaffen ist, ist immer die Übersetzung einer Bewusstseinsstufe. Ob er greifbar ist oder nicht, ob er der Unveränderlichkeit unterworfen ist oder sich wie ein Licht oder Ton verwandelt – vor allem ist er Energie. Er ist ein Schwingungsfeld, das eine bestimmte Intensität von Liebe repräsentiert.

So lebt eine nicht in der materiellen Dichte inkarnierte Seele in ihrer eigenen Welt und nimmt ihren eigenen Körper wahr, der für sie alle Eigenschaften des Konkreten aufweist.

Der Begriff der Dichte ist relativ, seht ihr, und hängt ganz von der Perspektive ab, aus der das Bewusstsein sein Leben beobachtet und lenkt.

Extrem vereinfacht könnte man sagen, dass die unsagbare Macht, die wir Gott nennen, mit einem in ihren Augen sehr konkreten Körper ausgestattet ist, den wir aber offenkundig unfähig sind wahrzunehmen ... als würden wir in unserer "Winzigkeit" zwischen seinen Atomen herumkrabbeln.

In Wirklichkeit, und das versteht ihr, ist die Winzigkeit, von der ich hier spreche, die unseres Bewusstseins, das noch zu schläfrig und in sich verschlossen ist.

Lasst mich euch sagen: Sobald ihr aufhört, euch an die Begrenztheit zu klammern, die euch die primäre (und somit duale) Sichtweise eurer Welt auferlegt, werdet ihr Moleküle Seines Körpers bemerken. Dann werdet ihr Seine Organe erraten, Sein Herz, und immer so weiter ... bis Er und ihr nur noch Eins seid und Omega sich als Alpha erkennt, um neue Galaxien zu erschaffen.

Die Sublimierung der Sexualität

Hier nun noch etwas anderes. Die folgenden Betrachtungen haben direkter mit dem "glühenden" Aspekt des Körpers, ich möchte sagen seiner sexualisierten Seite, zu tun.

Wie wir schon sagten: Wenn man sich zum Geist hinwendet, glaubt man zu Unrecht, die Sexualität sei nur eine niedere Ausdrucksform des Lebens, wo sie doch in Wirklichkeit eine edle Manifestation seiner Grundenergie ist.

In Wahrheit wird die Sexualität auch durch die Sublimierung der Geschlechtslosigkeit nicht zerstört. Sie definiert sich lediglich neu, indem sie in andere Höhen aufsteigt, wo das Organ namens Geschlecht nicht mehr in dieser Form zu existieren braucht ...

Nicht, weil dieses Geschlecht schmutzig oder schändlich wäre, sondern weil es nicht mehr passend für die Art von heiligem Orgasmus ist, der sich dort offenbart.

Das Wesen, das ihn auf diese Weise manifestiert, nimmt seine Gegenwart und sein Feuer als Essenz des universellen Lebens wahr. Es spürt ihn in seinem Innersten, der in jedem Augenblick auf ewig die göttlichen Silben der Schöpfung spricht. Es entdeckt und erfährt die absolutesten Folgen der sogenannten *Rückkehr*. Es ist nicht mehr, weder im Geist noch im Fleisch in dem Sinne, wie wir es verstehen, und es ist noch nicht einmal mehr abhängig von dem, was wir als Gut und Böse definieren ...

Es ist *im* Leben, es reist in Ihm, es ist Es, und es erlebt Gott im "Gewebe" seiner Wirklichkeit.

Ich weiß ... meine Worte sind gedanklich so weit von euch entfernt, dass ihr sie inzwischen für wirklichkeitsfremd und kaum von Nutzen haltet in der Welt, in der ihr euch herumplagt.

Und doch ... noch nie in der Geschichte eures Planeten hat es eine günstigere Zeit gegeben, um die Samen zu säen, über die ich hier zu euch spreche. Noch nie wurden die Seelen so sehr umgepflügt, denn noch nie hat die Absurdität der Lüge und Entheiligung des Lebens so sehr dem Licht geholfen.

Ihr seid am Rande einer Explosion, versteht ihr? Es ist die Explosion eures inneren Kosmos. Schon jetzt seid ihr aufgefordert, an der Entstehung eines neuen Universums mitzuwirken.

Wie? Indem ihr tut und lebt, was ich versuche zu tun und zu leben, und eine andere Vision von Liebe tief in den Boden sät. Fernab von unbeständigen menschlichen Moralvorstellungen, Religionen und Verhärtungen aller Art.

Wenn wir erklären, dass Gott jeden von uns liebt, dann müssen wir auch den Mut und die Unkompliziertheit haben zu verstehen: *Sein Prinzip macht mit jedem von uns Liebe, sobald wir glücklich sind ...*

Der Weg der Zelle, wie ich ihn euch skizziert habe, beruht auf der Idee, dass die Liebe sich durch nichts einsperren oder einschränken lässt. Sie zielt auf die Schaffung einer organischen Gesellschaft, deren Lebensformen sich nach einer vom Göttlichen inspirierten heiligen Arithmetik und Raumgeometrie entfalten. Sie strebt eine Gesellschaft an, für die im Teilen der Keim der freien Entfaltung liegt.

Das Gesetz des Teilens

Wann werdet ihr zugeben, dass die Liebe keine Macht ist, die schwindet oder schwächer wird, wenn sie geteilt wird, sondern sich dann im Gegenteil ausdehnt und vervielfacht und die illusorischen Grenzen des Wesens eine nach der anderen zum Einsturz bringt?

Der Weg des Zellbewusstseins sagt euch ganz einfach: "Liebe zu teilen bedeutet nicht, den eigenen 'Anteil Liebe' zu verkleinern, sondern, ihn zu vergrößern."

Er erinnert euch auch daran, dass Gott in Seiner Schöpfung nicht anders handelt, weil Er Sich auf diese Weise selbst hervorbringt und Sich weiter erschafft ...

Gott, seht ihr, erfindet sich selbst in Liebe, in dem Maße, wie ihr akzeptiert, die Liebe in euch zu vermehren! Genau da erschafft ihr Ihn, so wie Er euch erschafft, und Seine Sprache wird für euch hörbar.

Ist dieser Weg auf der Erde gangbar? Ich sage, dass er überall im Universum seinen Platz finden kann, wo es wahrhaft mutige Herzen gibt, die ihr Potenzial kennen und ihr leuchtendes Ziel bejahen.

Er ist so anspruchsvoll, dass er alles Ungefähre, jede ungesunde Vorstellung und jede Perversion sofort ausmerzt.

Er ist auch so leidenschaftlich, dass er ein Meister des Überwindens ist. In den tausend Windungen des Lebens lehrt er, dass alles, was Ausdruck von Besitzgier, Ausschließlichkeit und Festhalten ist, das Wesen verdorren lässt. Und umgekehrt zeigt er auf, dass alles, was gibt, teilt und strahlt, Ausdehnung und Expansion bedeutet.

Wer besitzt, wird besessen ... aber wer teilt, befreit sich selbst, indem er Das befreit, was in ihm wohnt.

Eigentümlicher- und wunderbarerweise stärkt eine Sonne durch ihre Ausdehnung ihren Kern und konzentriert und kondensiert durch ihr Strahlen ihren Keim.

Gott ist Entspannung

Versteht ihr nun schließlich, was dies für euch an jedem neuen Tag bedeutet?

Heilt euch von der Krankheit der Dualität! Entscheidet, aus ihrem chronischen Verlauf auszusteigen! Der Zustand der Dualität erweckt den Eindruck der Konzentration, ja sogar Kondensation der Kräfte, aber in Wirklichkeit ist er nur Ausdruck von Einengung und Rückzug.

Die Macht, die wir Gott nennen, auf welcher Ebene Sie sich auch manifestiert oder eher auf welcher Ebene wir fähig sind, Sie zu begreifen, ist *der* Nicht-Besitz schlechthin! Sie ist *das* absolute Loslassen, durch das *alles* geschieht.

Hört mich noch weiter an ... Ein großer Teil der Leiden, die euch in dieser Welt aufsuchen und die ihr aufsucht, kommt daher, dass ihr - was immer ihr auch dazu sagt - zutiefst davon überzeugt seid, etwas oder jemanden “einfangen” zu müssen, um glücklich zu sein ...

So bleibt ihr weiterhin Erben von Abertausenden Generationen, die von der reflexartigen Vorstellung erfüllt sind, Glück (der andere Name Gottes) entstehe unbedingt aus Kontrolle oder Beherrschung.

Warum diese Besessenheit? Weil da die Angst ist ... Angst vor unzähligen Dingen oder Umständen, aber vor allem *Angst davor, nicht geliebt zu werden!*

Ohne jeden Zweifel ist das der Grund, warum das Wesen so wenige entscheidende Schritte hin zu sich selbst geht, also hin zu seiner Befreiung aus dem absurden Zyklus des Leidens. Gott überwindet die Angst vor dem Leiden, weil Er, während er es umfasst und durch uns versteht, über seine Absurdität lächelt und es anpustet, um es wegzublasen.

So ist das Loslassen eine der großen Wahrheiten, die es für ein menschliches Wesen zu entdecken gilt.

Wenn die Welle Gottes die Gelegenheit hat, sich in einem wie in hunderttausend Wesen zu inkarnieren, dann immer über den schmalen Pfad dieses Loslassens. Entspannung gibt also der Liebe ihre wirkliche Dimension zurück.

Wir alle sind aufgefordert, mit dem unglaublichen Energiefeld Gottes zu verschmelzen. Daran besteht kein Zweifel ... Man muss lediglich wissen, dass alle Wege immer zum selben Punkt der Vereinfachung führen. Sie führen zu der erhabenen Ruhe, die sich vom Teilen zur Vervielfachung und von einer Verschmelzung zur nächsten einstellt.

Doch was ihr von Gott begreift, ist nicht Seine Vollendung ...

Das Ziel, das wahre Ziel, vergesst das niemals, ist die Freude zu sein und dabei zu helfen zu sein ...

Sagt dies also allen, die nicht nur vorgeben zu suchen:

"Von der Zelle über den Körper und bis in den vom Körperbewusstsein projizierten Raum erfindet sich das Göttliche, entdeckt sich und expandiert. So IST es.

Vom Planeten über die Sonne bis hin zur Galaxie und zum Kosmos heißt es, dass Es sich selbst aussät im Rhythmus, in dem das Herz schlägt, die Seele ihren Horizont erweitert und der Geist seine eigene Herrlichkeit betrachtet.

Von der Zelle über den Körper bis in den vom Körperbewusstsein projizierten Raum überwindet das Heilige die Illusion der Zeit. So LIEBT es.

Das Eine ist vielfach in seiner Expansion, aber das Vielfache rezitiert nur das Eine. Es atmet ein, was Ihm ausgeatmet wird, und atmet aus, was Ihm eingeatmet wird. Es ist Atmung. Es ist der Akt des Liebens.

Die heilige Vervielfachung spricht nur vom Gesetz des Einen. Sie bündelt es und verwirklicht sich auf diese Weise.

Unzählig sind die Projekte des Göttlichen, aber einmalig ist ihr Ziel im Selbst."

Die Stimme dieses Lieds aus einer anderen Welt ist verklungen ...

Sie ist verklungen, aber ich bin bei ihr geblieben. Sie lebt in mir fort, von der Senke auf der Insel Chiloé an, in der ich mich plötzlich wiederfand, bis heute, jetzt, wo ihre letzten Töne auf dem Papier verewigt wurden.

Werden sie Sie erreichen? Ich habe nur die Gewissheit, dass sie ihre Adressaten erreichen werden ... Meine Aufgabe ist damit erfüllt.

Mögen jenseits aller Reden und Erklärungen diese Worte, die so wagemutig waren, das Unübersetzbare zu übersetzen, jeden ein wenig mehr hin zu seiner eigenen Wahrheit führen, dorthin, wo das Göttliche seinen ewigen Faden webt, von der Zelle über die Sonne bis hin zur Galaxie ...

Über den Autor

Daniel Meurois wurde 1950 in Frankreich geboren. Als wahrer Erforscher der neuen Bewusstseinsfelder ermutigt er uns, die Pluralität unseres Universums zu entdecken und neu zu betrachten und natürlich auch einen neuen Blick auf uns selbst zu werfen, immer auf der Suche nach unserer Identität. Doch hinter dem kühnen Philosophen und Lehrer verbirgt sich ein authentischer Schriftsteller, besorgt um die Schönheit der Sprache - als Ausdruck für die Schönheit des Lebens.

Das literarische Werk von Daniel Meurois ist vielseitig, beeindruckend, mitunter auch überraschend, und dabei immer außergewöhnlich und bahnbrechend.

Nicht ohne Grund sind viele der Bücher, die er im Laufe seiner über vierzigjährigen Tätigkeit als Autor geschrieben hat, internationale Bestseller geworden. Mit 38 Büchern und 80 Veröffentlichungen in 17 verschiedenen Sprachen ist Daniel Meurois als Pionier des neuen Bewusstseins bekannt. Er ist spirituell auf der Suche, fernab aller Dogmatik.

Heute lebt Daniel Meurois in der Nähe von Quebec und arbeitet unablässig daran, das Bewusstsein der Menschen durch sein einmaliges literarisches Werk sowie seine Seminare und Vorträge zu wecken.

www.danielmeurois.com

144 Seiten, klappenbroschur
ISBN 978-3-89845-682-1
€ [D] 16,00

Daniel Meurois

Die Jesus-Methode

So reinigst du deine 8 Energiezentren

Eine fast unbekannte Lehre, die Jesus nur mit einem engen Kreis von Jüngern teilte: die acht Übungen zur Reinigung der Chakren. Zu den bekannten sieben Hauptchakren kommt ein Achtes hinzu, das rein geistiger Natur ist und uns als Sitz der Seele mit unserem Höheren Ich verbindet.
Ein Buch, das den menschlichen Körper ins Gleichgewicht und die geistige Entwicklung vorwärts bringt. Für alle, die ernsthaft an ihrer körperlichen und geistigen Gesundheit interessiert sind!

224 Seiten, broschiert
ISBN 978-3-89845-656-2
€ [D] 20,00

Daniel Meurois

Parallele Universen

In meines Vaters Haus sind viele Wohnungen

Das Thema der Paralleluniversen fasziniert uns heute mehr denn je. Daniel Meurois ist einer der Menschen, der unmittelbare Erfahrungen damit macht. Hier berichtet er von einer Reihe überraschender Vorstöße in die Vielfalt der Lebensräume unseres Universums. Er lädt uns ein in die Welten der Elfen und Erzengel, des Traumes, des Lebens nach dem Tode, der Maya und der Archetypen. In diesem Sinne bietet dieses Buch eine »Einweihung« in multidimensionale Wirklichkeiten.
Parallele Universen ist eine hochinteressante Leseerfahrung, die jeden begeistern wird, der ein höheres Bewusstseinsniveau anstrebt.

208 Seiten, broschiert
ISBN 978-3-89845-640-1
€ [D] 20,00

Daniel Meurois

Maria Magdalena – das wahre Evangelium

Bis vor kurzem war der Öffentlichkeit völlig unbekannt, dass Maria Magdalena die Inspirationsquelle eines Evangeliums ist. Das Manuskript, welches ihren Namen trägt, wurde Ende des 19. Jahrhunderts entdeckt. Der Text ist faszinierend ... war aber leider unvollständig, zahlreiche Seiten fehlten.
Daniel Meurois hat sich ins Gedächtnis der Zeit vertieft und macht uns dadurch ein großes Werk ganz neu zugänglich: das verschollene Evangelium der Maria Magdalena.

304 Seiten, broschiert
ISBN 978-3-89845-629-6
€ [D] 25,00

Daniel Meurois

Von oben betrachtet

Ein überirdischer Dialog mit der galaktischen Bruderschaft

Daniel Meurois´ Begegnung mit einem Boten der galaktischen Bruderschaft gewährt Einblicke in neue Ebenen der Wahrnehmung und ermöglicht es, in Höhen aufzusteigen, von denen aus gesehen unser Leben eine völlig andere Bedeutung bekommt ...
So eröffnet das Buch einen Zugang zum Verständnis des Lebens auf unseren Nachbarplaneten und kann den Wandel unseres Bewusstseins vorantreiben.
Eine ganz besondere Begegnung für alle, die es wagen wollen, ihre inneren Grenzen zu überschreiten.

240 Seiten, broschiert
ISBN 978-3-89845-555-8
€ [D] 16,95

Daniel Meurois

Die ursprünglichen Lehren Christi und wer Jesus wirklich war

Erleben Sie den wahren Jesus in seinem alltäglichen Umfeld und erhalten Sie ein völlig neues Bild von ihm, das auch die verborgenen Seiten seiner Lehre beleuchtet. Das Buch zeigt, wie die Wunder, die Christus vollbracht hat, zu verstehen sind, wie er alltäglich außerhalb seiner Lehren lebte, wie sich das Leben seiner Mutter Maria gestaltete, was wirklich nach der Auferstehung geschah, wie seine Worte tatsächlich zu verstehen sind. Sie werden überrascht sein von den neuen Einsichten und Erkenntnissen und die Lehre Christi ganz neu erfahren.

448 Seiten, broschiert
ISBN 978-3-89845-462-9
€ [D] 19,95

Daniel Meurois & Anne Givaudan

Essener Erinnerungen

Die spirituellen Lehren Jesu

Ein einzigartiges Dokument Zeit über die Bruderschaft der Essener, bei denen Jesus von Nazareth seine spirituelle Unterweisung erhielt, und über das geheime Leben Jesu:
Entdecken Sie das Leben und Wirken der Essener zur Zeit Jesu und erfahren Sie mehr über ihre Bedeutung bei der Vorbereitung der Mission Christi und über die ursprüngliche Botschaft Jesu.

384 Seiten, broschiert
ISBN 978-3-89845-521-3
€ [D] 19,95

Daniel Meurois

Jesus' Jüngerinnen

Das geistige Erbe der drei Marien

Christus hatte nicht nur männliche Begleiter, sondern auch weibliche, unter denen sich insbesondere die drei Marien hervortaten: Maria-Magdalena, Maria-Jakobea und Maria-Salome. Nehmen Sie an der Begegnung der drei Frauen teil und lernen sie den Mensch Jesus und dessen Lehren aus weiblicher Perspektive kennen.
Erstaunlich leicht lässt sich Jesus´ Lehre auf die Gegenwart übertragen und kann zum Schlüssel einer geistigen Erhebung werden, die wir in den heutigen, bewegten Zeiten so dringend brauchen.

224 Seiten, broschiert,
ISBN 978-3-89845-598-5
€ [D] 22,00

Daniel Meurois

Das große Buch der Akasha-Chronik

Der Zugang zum universellen Weltengedächtnis

Daniel Meurois beweist, dass er sich kraft seines Bewusstseins durch die Zeit bewegen kann. Er beschreibt, wie er Zugang zur Akasha-Chronik erlangt und durch welche Arten des Reisens er sich in der Zeit bewegt. Er erläutert die Anatomie der Akasha-Chronik und lässt uns teilhaben an seinen realen Erfahrungen aus den Tiefen der Zeit. Damit bietet er uns einen einmaligen Einblick in das universelle Weltengedächtnis, durch den wir entdecken, dass die metaphysische Erfahrung der Raum-Zeit-Dimension die Tür zum Göttlichen in uns selbst weit öffnet.

256 Seiten, broschiert
ISBN 978-3-89845-655-5
€ [D] 16,00

Daniel Meurois

Eine Reise in die geistige Welt der Tiere

Grenzenlose Erfahrungen, die dein Leben verändern

Dieser Bestseller dokumentiert das Seelenleben der Tiere mit erstaunlichen Erkenntnissen, um den Tieren mit mehr Empathie und Achtung zu begegnen – aber auch uns selbst. Wir lernen unsere Alltagswelt aus überraschender Perspektive kennen.
Aus Gewissenlosigkeit und kurzfristigem Profitdenken, entsteht die Ausbeutung und Vernichtung der Tiere und dieses Buch ist ein Appell an die Menschheit für Vernunft und gegenseitige Achtung.

504 Seiten, broschiert
ISBN 978-3-89845-583-1
€ [D] 24,95

Daniel Meurois

Echnaton und der Strahlende Gott

Das Geheimnis des Aton

Dieses Buch ist anders als alles, was je über Echnaton geschrieben wurde, denn es lüftet viele Geheimnisse über das Leben des Pharaos. Es ist ein geradezu magisches Werk, das sich intensiv mit den großen Fragen der Menschheit auseinandersetzt – Fragen, die uns immer beschäftigen werden.
Dieses authentische Zeugnis ist ein herausragendes Buch – hochaktuell und eine Inspiration für jeden, der sein Leben mit vollem Bewusstsein führen und aktiv gestalten will.

160 Seiten, broschiert
ISBN 978-3-89845-387-5
€ [D] 14,95

Daniel Meurois-Givaudan

Die ungeborene Seele

Trost und Hoffnung nach Fehlgeburt und Abtreibung

Einfühlsam und eindringlich berichtet Daniel Meurois-Givaudan über den Weg der Frauen und Paare, die den Verlust eines ungeborenen Kindes verkraften müssen und sich der Problematik von Abtreibungen, der Bitternis von Fehlgeburten und den oft so schmerzlichen Fragen rund um komplizierte Geburten stellen müssen.
Damit reicht er mit diesem Buch all jenen die Hand, die nicht mehr wegschauen, sondern ihre Verletzungen und Wunden heilen wollen.
Ein wohltuender Leitfaden, der hilft, einen banalisierten, verheimlichten und oft verleugneten Schmerz zu überwinden.

238 Seiten, broschiert
ISBN 978-3-89845-194-9
€ [D] 13,90

Anne Meurois-Givaudan & Dr. med. Antoine Achram

Auralesen und alte Therapien der Essener

Von der Autorin des Bestsellers »Essener Erinnerungen«

Wenige Bücher über das Thema Heilen gehen so weit wie dieses im Bezug auf das Verständnis von Krankheiten, denn hier werden diese als eine Reaktion auf feinstofflicher Ebene interpretiert und auch auf dieser behandelt – ein bemerkenswerter Ansatz zum Verständnis der energetischen Medizin. Eine interessante Einführung in eine vergessene Heiltechnik, die von der Autorin seit vielen Jahren mit großem Erfolg angewandt wird.

Weiterführende Informationen zu
Büchern, Autoren und den Aktivitäten
des Silberschnur Verlages erhalten Sie unter:
www.silberschnur.de

Natürlich können Sie uns auch gerne den
Antwort-Coupon aus dem beiliegenden
Lesezeichenflyer zusenden.

Ihr Interesse wird belohnt!